저자 | Marina Voicu(마리나 보이꾸)
강지후

루마니아어 첫걸음

초판인쇄 2018년 8월 15일
2판 1쇄 2024년 11월 01일

지은이 Marina Voicu(마리나 보이꾸), 강지후
펴낸이 임승빈
펴낸곳 ECK북스
출판사 등록번호 제 2020-000303호
출판사 등록일자 2000. 2. 15
주소 서울시 마포구 창전로2길 27 [04098]
대표전화 02-733-9950 | **이메일** eck@eckedu.com

제작총괄 염경용
편집책임 정유항, 김하진 | **편집진행** 송영정
디자인 다원기획 | **일러스트** 방영경
마케팅 이서빈, 신신애 | **영업** 이동민, 김미선 | **인쇄** 신우인쇄

* ECK북스는 (주)이씨케이교육의 도서출판 브랜드로, 외국어 교재를 전문으로 출판합니다.
* 이 책의 모든 내용, 디자인, 이미지 및 구성의 저작권은 ECK북스에 있습니다.
* 출판사와 저자의 사전 허가 없이 이 책의 일부 또는 전부를 복제, 전재, 발췌하면 법적 제재를 받을 수 있습니다.
* 잘못된 책은 구입하신 서점에서 교환해 드립니다.

ISBN 979-11-6877-342-4
정가 16,000원

ECK교육 | 세상의 모든 언어를 담다
기업출강 · 전화외국어 · 비대면교육 · 온라인강좌 · 교재출판 · 통번역센터 · 평가센터

ECK교육   www.eckedu.com
ECK온라인강좌 | www.eckonline.kr
ECK북스   www.eckbook.com

유튜브   www.youtube.com/@eck7687
네이버 블로그 blog.naver.com/eckedu
페이스북   www.facebook.com/ECKedu.main
인스타그램   @eck__official

저자 | Marina Voicu(마리나 보이꾸), 강지후

저자의 말

În primul rând vreau să le mulțumim tuturor celor implicați în realizarea acestui proiect frumos: prietenei noastre, Cristina, care ne-a ajutat în repetate rânduri, domnului director "ECK Education" și doamnei editor Yeong Jeong Song, care au crezut în noi și ne-au accordat această șansă de a lucra împreună, domnilor profesori de la Universitata Yonsei pentru susținerea morală și celor de la HUFS pentru eforturile dânșilor de a oferi o educație deosebită, și tuturor celor ce ne-au trimis poze pentru a le folosi în acest manual. De asemenea, doresc să mulțumesc tuturor ce ne-au susținut și au anticipat realizarea acestui manual.

Am început acest manual din dorința de a povesti despre țara noastră și a prezenta bazele limbii române coreenilor. De asemenea am scris manualul cu dorința de a ajuta juniorii Departamentului de Limba și Literatura Română, și noi sperăm din suflet să găsească bucurie la studiul specializării.

Manualul 『The 바른 Primii Pași de Limba Română』 este dedicat tuturor celor interesați de învățarea limbii române într-o manieră ușoară și interesantă. Manualul conține 15 capitole în care sunt dezbătute diverse tematici (spre exemplu: mâncare, vreme, transport, prezentări, sărbători etc). Noi am pus suflet în acest proiect scris timp de doi ani și ne dorim să venim în ajutorul celor ce au probleme la înțelegerea gramaticii sau structurii propozițiilor din limba română. De asemenea, la sfârșitul fiecărui capitol am adăugat câte o parte culturală în ideea promovării valorilor românești. Sperăm să vă extindeți înțelegerea despre România.

La început, prin începerea acestui manual am simțit o imensă responsabilitate deoarece imaginea României a stat în mâinile noastre, și această presiune s-a resimțit pe o perioadă îndelungată. Din fericire, deși nu suntem perfecți, am reușit să vedem roadele muncii noastre și suntem mândri de rezultate.

Sperăm sincer că această carte va fi de ajutor multor oameni care încep să învețe limba română.

Vă mulțumim.

가장 먼저, 본 교재가 출간되기까지 도움을 주신 많은 분들께 감사의 말씀을 전하고 싶습니다. 저희에게 틈틈이 도움을 준 Cristina, 저희를 믿고 같이 일할 수 있는 기회를 주신 ECK교육 임승빈 대표님과 송영정 편집자님, 진심의 응원을 보내주신 연세대학교 교수님들과 열심으로 훌륭한 가르침을 주시는 한국외국어대학교 루마니아어과 교수님들, 교재에 사용된 사진 일부를 보내주신 분들 그리고 긴 집필기간 동안 여러 지지와 성원을 보내주신 많은 분들께 진심으로 감사의 말씀을 드립니다.

본 교재는 한국인들에게 루마니아에 대한 이야기를 들려주고 루마니아어의 기초를 알려주고자 하는 마음, 그리고 학업에 어려움을 겪는 루마니아어과 후배들을 생각하며 작게나마 전공 공부에 도움을 주고 즐거움을 찾을 수 있기를 바라는 마음에서 시작되었습니다.

그렇게 시작된 『The 바른 루마니아어 첫걸음』은 루마니아어를 쉽고 재미있게 공부하고 싶으신 분들을 대상으로 하여, 15개의 단원(음식, 날씨, 교통, 소개, 명절 등)으로 구성되었습니다. 2년에 걸친 긴 프로젝트 기간에 본 저자들은 전심을 다해 임했고, 특히 루마니아어 문법과 문장 구조의 이해를 돕고자 노력했습니다. 추가적으로, 루마니아라는 나라를 소개하기 위해 각 단원 마지막에 문화 내용도 넣었으니 참고하시면 루마니아를 이해하는 데 도움이 될 것입니다.

처음에 작업을 시작하면서 루마니아라는 한 나라의 이미지가 우리에게 달려있다는 생각에 큰 부담을 느꼈었습니다. 이제야 비로소 책을 끝마치며 부족한 점도 있지만 그 부담의 결실이 나타나는 것 같아 기쁘고, 한편으로 자랑스럽기도 합니다.

많은 분들에게 이 책이 도움이 되길 진심으로 바랍니다.

감사합니다.

저자 Marina Voicu, 강지후

CONTENTS

Capitolul 01
예비학습 — p.10
- 알파벳 · 발음 · 루마니아어의 특징 · 명사의 성과 수

Capitolul 02
Bună ziua. Eu sunt Marina. 안녕하세요? 저는 마리나입니다. — p.21

/ 문법 /
- 루마니아어의 어순 · 인칭대명사
- a fi, a avea 동사의 현재형

/ 어휘 및 표현 /
- 인사말 · 국적 묻고 답하기

Capitolul 03
Ea este Diana. Ea este studentă. 그녀는 디아나예요. 그녀는 학생이에요. — p.31

/ 문법 /
- 동사의 현재형 (1) · 형용사 (1)

/ 어휘 및 표현 /
- 소개하기 · 나이 묻고 답하기
- 숫자

Capitolul 04
Astăzi vremea este frumoasă. Hai să mergem la picnic! 오늘은 날씨가 좋아요. 소풍을 갑시다! — p.41

/ 문법 /
- 동사의 현재형 (2) · 형용사 (2) · 제안하기

/ 어휘 및 표현 /
- 날씨 · 계절에 따른 활동 · 날짜 말하기

Capitolul 05
Trebuie să merg în parc. Cum pot să ajung acolo? 공원에 가야 해요. 어떻게 갈 수 있어요? — p.51

/ 문법 /
- 부정관사 · 정관사
- 의무, 필요 (trebuie să …: ~아/어야 하다)
- 가능, 허락 (pot să …: ~(으)ㄹ 수 있다)

/ 어휘 및 표현 /
- 교통
- 방향
- 장소 및 기관

Capitolul 06
Știi să gătești? Vreau să învăț. 요리할 줄 알아요? 배우고 싶어요. — p.61

/ 문법 /
- 능력 (știu să …: ~(으)ㄹ 줄 알다)
- 바람 (vreau să …: ~(으)ㄹ 원하다, 하고 싶다)
- 부사 · 지시형용사(단수형)

/ 어휘 및 표현 /
- 취미
- 동물, 식물

Capitolul 07
Ce vrei să mănânci? 뭘 먹고 싶어요? — p.71

/ 문법 /
- 서수 · 문장 연결하기 · 지시형용사(복수형)

/ 어휘 및 표현 /
- 야채, 과일 · 식료품, 양념 · 맛, 요리

Capitolul 08
Ecaterina este prietena mea. 에카테리나는 내 친구예요. — p.81

/ 문법 /
- 의문사 · 소유 표현 (1) · 지시대명사

/ 어휘 및 표현 /
- 가족 관계 · 일생 · 직업 및 직장

Capitolul 09
Ce pot să vizitez în București? 부쿠레쉬띠에서 뭘 구경할 수 있어요? p.91

/ 문법 /
- 과거시제(복합과거) (Am /Ai~) · 여격 인칭대명사
- 원형부정사

/ 어휘 및 표현 /
- 루마니아의 도시 및 관광지
- 여행 · 숙박 · 주말/여가 활동

Capitolul 10
Cât de des faci sport? 얼마나 자주 운동을 해요? p.103

/ 문법 /
- 미래시제 (1) · 좋아하다, 배고프다 · 전치사

/ 어휘 및 표현 /
- 운동, 놀이 · 횟수 · 옷과 신발

Capitolul 11
Te voi ajuta la acestea. 내가 그것들을 도와줄게. p.113

/ 문법 /
- 미래시제 (2) · 목적격 인칭대명사 (1) · 접속사

/ 어휘 및 표현 /
- 교육 과정 · 과목 · 학교, 교실

Capitolul 12
Ieri am cumpărat pantofi mov. Îi voi purta mâine. p.123
어제 보라색 구두를 샀어요. 내일 그것을 신을래요.

/ 문법 /
- 목적격 인칭대명사 (2) · 목적격 인칭대명사 강세형
- același/aceeași

/ 어휘 및 표현 /
- 연애, 결혼 · 성격, 감정
- 색깔

Capitolul 13
Cred că am răcit rău. 심각하게 감기에 걸린 것 같아요. p.133

/ 문법 /
- 여격 인칭대명사 강세형 · 의견 표현하기
- 비교급, 최상급

/ 어휘 및 표현 /
- 몸, 신체
- 약국, 병

Capitolul 14
Astăzi este ziua de Paște! 오늘은 부활절이에요! p.143

/ 문법 /
- 재귀태 (1)
- 재귀태 (2)

/ 어휘 및 표현 /
- 전통적, 종교적 명절 · 공휴일
- 종교 · 예절

Capitolul 15
Acasă și la firmă 집과 회사에서 p.153

/ 문법 /
- 감탄 표현 · 소유 표현 (2) · 명령 표현

/ 어휘 및 표현 /
- 집 · 주방, 화장실 · 가구, 가전 · 회사

- 연습문제 정답 _ p.163

이 책의 구성과 특징

『The 바른 루마니아어 첫걸음』은 루마니아어를 처음 공부하는 입문 학습자들이 효과적으로 학습할 수 있도록 다음과 같이 구성하였습니다.

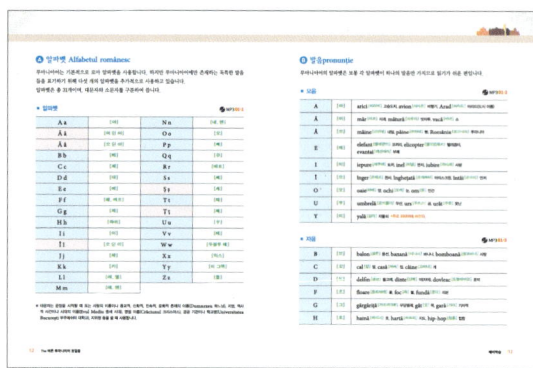

예비학습

루마니아어 알파벳과 발음 및 특징을 학습합니다. 본학습에 앞서 반드시 먼저 숙지하세요.

어휘 및 표현

다양한 주제의 기초 어휘 및 표현을 학습합니다. 루마니아 사람들의 생활과 문화를 엿볼 수 있는 어휘가 다수 포함되어 있어 어휘뿐만 아니라 문화도 함께 익힐 수 있습니다.

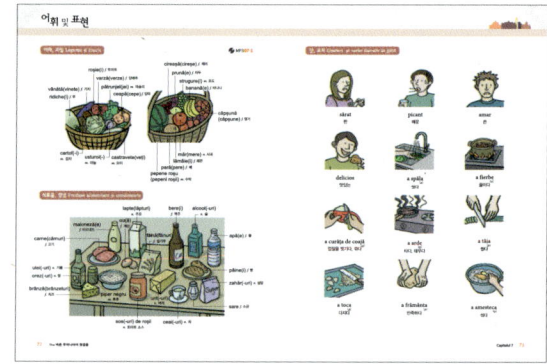

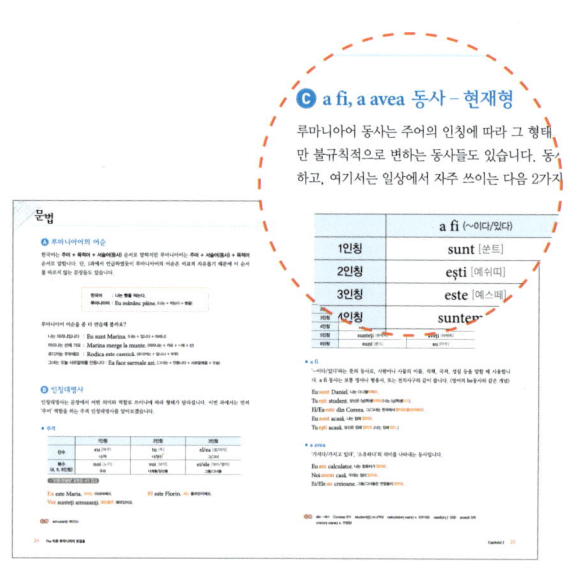

문법

기초 필수 문법을 자세한 예문과 함께 알기 쉽게 정리했습니다.

대화와 이야기

앞에서 학습한 어휘와 문법을 바탕으로 한 다양한 대화문과 이야기를 학습합니다. mp3 파일을 들으며 발음도 같이 익혀 보세요.

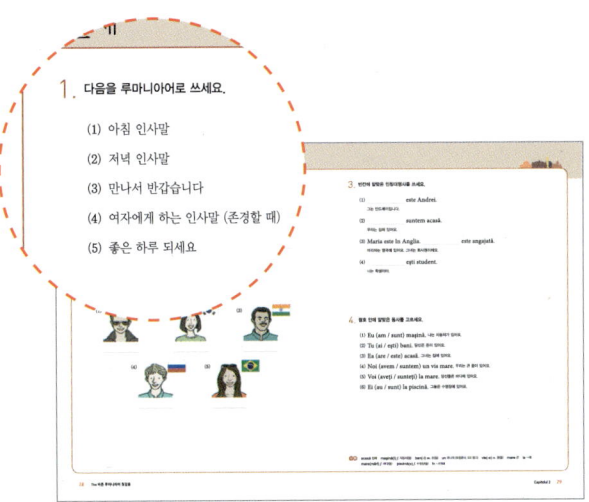

연습문제

어휘, 문법, 쓰기, 듣기 등 다양한 형식의 문제풀이로 학습을 마무리합니다.

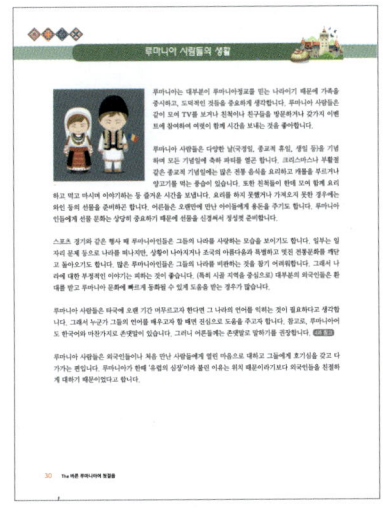

문화

루마니아의 다양한 문화를 살펴봅니다. 학습을 마친 후 가볍게 읽으며 루마니아에 대한 이해를 넓혀 보세요.

Capitolul

루마니아의 작가 Mihai Eminescu(미하이 에미네스쿠, 1850 – 1889) 기념물

예비학습

학습내용

- 알파벳
- 발음
- 루마니아어의 특징
- 명사의 성과 수

A 알파벳 Alfabetul românesc

루마니아어는 기본적으로 로마 알파벳을 사용합니다. 하지만 루마니아어에만 존재하는 독특한 발음들을 표기하기 위해 다섯 개의 알파벳을 추가적으로 사용하고 있습니다.
알파벳은 총 31개이며, 대문자와 소문자를 구분하여 씁니다.

■ 알파벳

A a	[아]	N n	[네, 엔]
Ă ă	[어 딘 아]	O o	[오]
Â â	[으 딘 아]	P p	[뻬]
B b	[베]	Q q	[큐]
C c	[체]	R r	[에르]
D d	[데]	S s	[쎄]
E e	[에]	Ș ș	[셰]
F f	[페, 에프]	T t	[떼]
G g	[제]	Ț ț	[쩨]
H h	[하쉬]	U u	[우]
I i	[이]	V v	[베]
Î î	[으 딘 이]	W w	[두블루 베]
J j	[제]	X x	[익스]
K k	[카]	Y y	[이 그렉]
L l	[레, 엘]	Z z	[젵]
M m	[메, 엠]		

※ 대문자는 문장을 시작할 때 또는 사람의 이름이나 종교적, 신화적, 민속적, 문화적 존재의 이름(**Dumnezeu** 하느님), 지명, 역사적 사건이나 시대의 이름(**Evul Mediu** 중세 시대), 명절 이름(**Crăciunul** 크리스마스), 공공 기관이나 학교명(**Universitatea București** 부쿠레쉬띠 대학교), 지위명 등을 쓸 때 사용합니다.

B 발음 pronunție

루마니아어의 알파벳은 보통 각 알파벳이 하나의 발음만 가지므로 읽기가 쉬운 편입니다.

■ 모음

 MP3 **01-2**

A	[아]	arici [아리치] 고슴도치, avion [아비온] 비행기, Arad [아라드] 아라드(도시 이름)
Ă	[어]	măr [머르] 사과, mătură [머뚜러] 빗자루, vacă [바꺼] 소
Â	[으]	mâine [므이네] 내일, pâine [쁘이네] 빵, România [로므니아] 루마니아
E	[에]	elefant [엘레판뜨] 코끼리, elicopter [엘리꼽떼르] 헬리콥터, evantai [에반따이] 부채
I	[이]	iepure [예뿌레] 토끼, inel [이넬] 반지, iubire [유비레] 사랑
Î	[으]	înger [은제르] 천사, înghețată [은게짜떠] 아이스크림, întâi [은뜨이] 먼저
O	[오]	oaie [와예] 양, ochi [오끼] 눈, om [옴] 인간
U	[우]	umbrelă [움브렐러] 우산, urs [우르스] 곰, urât [우릇] 못난
Y	[이]	yală [얄러] 자물쇠 *주로 외래어에 쓰인다.

■ 자음

 MP3 **01-3**

B	[브]	balon [발론] 풍선, banană [바나너] 바나나, bomboană [봄보아너] 사탕
C	[끄]	cal [깔] 말, casă [까써] 집, câine [끄이네] 개
D	[드]	delfin [델핀] 돌고래, dinte [딘떼] 이(치아), dovleac [도블레아끄] 호박
F	[프]	floare [플로아레] 꽃, foc [폭] 불, fundă [푼더] 리본
G	[그]	gărgăriță [거르거리쩌] 무당벌레, gât [긋] 목, gară [가러] 기차역
H	[흐]	haină [하이너] 옷, hartă [하르떠] 지도, hip-hop [힙홉] 힙합

예비학습 **13**

J	[즈]	jucărie [주꺼리예] 장난감, jeleu [젤레우] 젤리, jachetă [자께뜨] 재킷
K	[끼]	kilogram [낄로그람] 킬로그램, kilometru [낄로메뜨루] 킬로미터
L	[르]	lumină [루미너] 빛, lalea [랄레아] 튤립, lună [루너] 달
M	[므]	mac [막] 꽥(오리 울음 소리), mamă [마머] 어머니, maşină [마쉬너] 자동차
N	[느]	nas [나스] 코, nimic [니믹] 아무것도, noapte [노압떼] 밤
P	[쁘]	peşte [뻬쉬떼] 물고기, pisică [삐시꺼] 고양이, pian [삐안] 피아노
Q	[끼]	Qatar [까따르] 카타르(나라 이름)　*주로 외래어에 쓰인다.
R	[르]	rac [락] 가재, radio [라디오] 라디오, raţă [라쩌] 오리
S	[쓰]	sandale [싼달레] 샌들, soare [쏘아레] 태양, stea [쓰떼아] 별
Ş	[슈]	roşu [로슈] 빨간색, şarpe [샤르뻬] 뱀, şoarece [쇼아레체] 쥐
T	[뜨]	telefon [뗄레폰] 전화기, tort [또르뜨] 케이크, tren [뜨렌] 기차
Ţ	[쯔]	ţambal [짬발] 덜시머(악기 이름), ţară [짜러] 나라, ţânţar [쯘짜르] 모기
V	[브]	varză [바르저] 양배추, vierme [비에르메] 구더기, veveriţă [베베리쩌] 다람쥐
W	[워]	kiwi [끼위] 키위　*주로 외래어에 쓰인다.
X	[끄스]	fax [팍스] 팩스, pix [픽스] 펜, xerox [끄세록스] 복사기
Z	[즈]	auz [아우즈] 청각, zambilă [잠빌러] 히아신스(꽃 이름), zebră [제브러] 얼룩말

다음의 경우에는 발음이 달라지니 주의합시다.　　　　　MP3 01-4

ce	[체]	cercei [체르체이] 귀걸이, ceapă [체아뻐] 양파, cerneală [체르네알러] 잉크
ci	[치]	cine [치네] 누구, cioban [치오반] 양치기, cizme [치즈메] 부츠
che	[께]	cheie [께예] 열쇠, chelner [껠네르] 웨이터, chel [껠] 대머리를 가진 사람

chi	[끼]	chitară [끼따러] 기타, unchi [운끼] 삼촌/작은 아버지, chimie [끼미에] 화학
ge	[제]	geantă [제안떠] 가방, general [제네랄] 일반적인, gene [제네] 유전자
gi	[지]	girafă [지라퍼] 기린, gimnastică [짐나스띠꺼] 체조, ginere [지네레] 사위
ghe	[게]	ghem [겜] 실타래, gheață [게아쩌] 얼음, Gheorghe [게오르게] 게오르게(사람 이름)
ghi	[기]	ghimpe [김페] 가시, ghinion [기니온] 불운, ghici [기치] 추측하다

C 루마니아어의 특징 Caracteristicile limbii române

- 루마니아어 문장은 보통 '주어 + 서술어(동사) + 목적어'의 어순을 따르는데, 비교적 유동적이어서 그 순서가 바뀌기도 합니다.

- 루마니아어 명사에는 '성과 수'의 개념이 들어가며, 형용사는 설명하고자 하는 명사 또는 수식하는 명사의 성과 수에 따라 형태의 변화를 보입니다.

  Eu am o geantă. 저는 가방이 하나 있습니다. → geantă 가방(여성)
  예우 암 오 제안떠

  Elena și Marina sunt frumoase. 엘레나와 마리나는 예쁩니다. → frumoase 예쁜(여성 복수 명사(주어) 설명)
  엘레나 시 마리나 쑨트 프루모아세

- 주어는 한국어와 마찬가지로 6개의 인칭(1, 2, 3인칭 단수/복수)을 가지며 각 인칭에 따라 동사의 형태가 달라집니다. 따라서 동사만 보고 주어의 인칭을 알 수 있기 때문에 문장에서 주어가 생략되는 경우가 많습니다.

  (1인칭) **(Eu) Studiez limba română.** 나는 루마니아어를 공부한다.
         예우 스투디에즈 림바   로므너

  (2인칭) **(Tu) Studiezi matematică.** 너는 수학을 공부한다.
         뚜   스투디에지 마떼마띠꺼

  (3인칭) **(El/Ea) Studiază limba coreeană.** 그/그녀는 한국어를 공부한다.
         엘/야   스투디아저 림바 꼬레아너

(4인칭) (Noi) Studiem psihologie. 우리는 심리학을 공부한다.
　　　　노이　　스투디엠　프시홀로지에

(5인칭) (Voi) Studiați literatură. 너희들은 문학을 공부한다.
　　　　보이　　스투디아찌　리떼라뚜러

(6인칭) (Ei/Ele) Studiază biologie. 그들/그녀들은 생물학을 공부한다.
　　　　예이/엘레　스투디아저　비올로지에

▶ 명사의 성과 수 Genul și numărul substantivelor

루마니아어 명사는 생물학적인 성 외에 '문법적인 성(남성, 여성, 중성)'을 가집니다. 아래 단어들을 예로 살펴보면, 남학생과 남자 선생님 처럼 생물학적 성을 따라 문법적인 성이 정해지기도 하지만 감자, 커피 그리고 의자 등과 같은 명사들은 생물학적 성과 관계 없이 문법적인 성이 부여됩니다. 추가적으로 대다수의 동물은 생물학적 성에 따라 두 단어로 나뉘지만 본 책에서는 자주 쓰이는 단어만 소개하고자 합니다.

남성 masculin	보통, 자음으로 끝난다. (-u/e/i로 끝나는 경우도 있음)
	coleg 남자 동료, student 남학생, băiat (젊은, 어린) 남자, bărbat (보통 결혼한) 남자, profesor 남자 선생님, pas 걸음, cartof 감자, ban 돈, dolar 달러 frate 남자 형제(오빠, 형, 남동생), părinte 부모 중 한 분, leu 사자
여성 feminin	보통, -ă로 끝난다. (-e/ie/ea/a로 끝나는 경우도 있음)
	colegă 여자 동료, studentă 여학생, soră 여자 형제(여동생, 언니, 누나), stradă 길, seară 저녁, primăvară 봄, fată (젊은, 어린) 여자, persoană 사람, facultate 대학교, femeie (보통 결혼한) 여자, lecție 레슨, cheie 열쇠, familie 가족, cafea 커피, pijama 파자마
중성 neutru	보통, 자음으로 끝난다. (-u/e/i로 끝나는 경우도 있음) (* 중성 명사는 '단수 형태에서는 남성 명사로 취급하다 복수 형태에서는 여성 명사처럼 취급하는 명사'라고 생각해도 괜찮습니다.)
	caiet 공책, tren 기차, scaun 의자, tricou 티셔츠, televizor 텔레비전, ghiozdan 배낭, măr 사과, telefon 전화, muzeu 박물관, stilou 만년필 studiu 공부. 연구. 전공, tramvai 전차

명사의 복수 형태는 각 성마다 그 형태가 조금씩 다르며 예외들이 있습니다. 일단은 일반적인 형태를 먼저 이해하고 나머지는 차근차근 익혀가는 것을 권장합니다.

남성 복수	보통, 끝에 -i가 붙는다. (-e,-u로 끝나는 경우, e와 u가 i로 바뀐다).
	prieten → prieteni 친구/친구들 coleg → colegi 동료/동료들 munte → munți 산/산들 părinte → părinți 부모 중 한 분/두 분 모두
여성 복수	보통, -ă가 -e나 -i로 바뀐다. (-e로 끝나는 경우, e가 i로 바뀐다. -ie로 끝나는 경우, e가 i로 바뀌거나 e가 탈락된다. -ea로 끝나면 a가 빠지고 le가 붙으며, -a로 끝나면 a뒤에 le가 붙는다.)
	prietenă → prietene 여성 친구/여성 친구들 geantă → genți (보통 손에 들고 다니는) 가방 carte → cărți 책/책들 familie → familii 가족/가족들 cheie → chei 열쇠/열쇠들 cafea → cafele 커피(잔)/커피(잔)들 pijama → pijamale 잠옷/잠옷들
중성 복수	보통, 끝에 -e나 -uri가 붙는다. (-u로 끝나면 -e로 바뀌거나 u 뒤에 -ri가 붙으며, -iu로 끝나면 u가 i로 바뀐다.)
	caiet → caiete 공책/공책들 tren → trenuri 기차/기차들 muzeu → muzee 박물관/박물관들 lucru → lucruri 일/일들 studiu → studii 연구/연구들

※ 앞으로 나오는 새 단어들의 복수형은 단어 끝에 괄호를 넣어 표시하겠습니다. 단어가 변하지 않고 복수형 어미만 추가되는 경우에는 −을 넣어 표시하고, 단어 끝의 철자가 바뀌는 경우에는 −을 넣지 않고 표시하겠습니다.

caiet(-e): caiete 공책 tren(-uri): trenuri 기차
muzeu(e): muzee 박물관 studiu(i): studii 연구

연습문제

1. 다음을 큰 소리로 따라 읽어 보세요.   MP3 **01-5**

albastru 파란색	cățel 강아지	înger 천사	pian 피아노	stilou 만년필
angajat 직원	cântec 노래	jurnal 일기	picior 발	student 남자 대학생
apă 물	cireașă 체리	lumânare 촛불	pix 볼펜	șarpe 뱀
arici 고슴도치	dans 춤	mamă 어머니	portofel 지갑	șifonier 옷장
autobuz 버스	dinte 이(치아)	mare 큰	prăjitură 케이크	șosete 양말
avion 비행기	dovleac 호박	mașină 자동차	președinte 대통령	tată 아버지
bomboană 사탕	elev 학생	mână 손	prieten 남성 친구, 남자친구	telefon 전화
brânză 치즈	examen 시험	mereu 항상	profesor 남자 선생님	temă 숙제
bunic (외)할아버지	farfurie 그릇	mic 작은	proverb 속담	tricou 티셔츠
bunică (외)할머니	fax 팩스	morcov 당근	repede 빨리	umbrelă 우산
cafenea 카페	floare 꽃	muzică 음악	roșu 빨간색	ureche 귀
calculator 컴퓨터	geantă 가방	negru 검은색	salată verde 상추	varză 양배추
calendar 달력	harpă 하프	nimic 아무것도	sandale 샌들	vin roșu 레드 와인
carte 책	hartă 지도	pantofi 구두	scaun 의자	violet 바이올렛
casă 집	iepure 토끼	parfum 향수	soare 해(태양)	vis 꿈
castravete 오이	inel 반지	părinți 부모	spital 병원	vreme 날씨
cămașă 셔츠	încet 천천히	pătrunjel 파슬리	stea 별	xerox 복사

2. 문제를 듣고 문제에서 발음하는 것을 고르세요.

(1) rău / râu   (5) sân / sun   (9) fin / fân   (13) par / păr
(2) fin / vin   (6) mină / mână   (10) rută / rudă   (14) tată / dată
(3) bat / pat   (7) sar / zar   (11) șoc / joc   (15) bun / pun
(4) chem / ghem   (8) cură / gură   (12) unghi / unchi   (16) rege / rece

3. 다음 명사의 성을 쓰세요.

  (1) prieten 친구　　　　_____
  (2) prietenă 친구　　　　_____
  (3) geantă 가방　　　　_____
  (4) muzeu 박물관　　　　_____
  (5) tren 기차　　　　_____

4. 다음 명사의 복수 형태를 쓰세요.

  (1) prieten 남성 친구　　　　_____
  (2) prietenă 여성 친구　　　　_____
  (3) geantă 가방　　　　_____
  (4) muzeu 박물관　　　　_____
  (5) tren 기차　　　　_____

5. 다음 명사들의 복수 형태가 맞으면 O, 틀리면 X 표시하세요.

  (1) student → studente 남학생들　　_____
  (2) părinte → părinți 부모　　_____
  (3) stradă → străzi 길들　　_____
  (4) stilou → stilouri 만년필들　　_____
  (5) telefon → telefoni 전화들　　_____
  (6) ban → bani 돈(들)　　_____
  (7) cartof → cartofi 감자들　　_____
  (8) prietenă → prieteni 여자 친구들　　_____
  (9) carte → cărți 책들　　_____
  (10) scaun → scaune 의자들　　_____

루마니아를 소개합니다!

루마니아는 동유럽에 위치한 국가로, 인구는 약 2천만 명입니다. 한국과 비교하면 인구는 적고, 크기는 조금 더 큽니다. 루마니아의 수도는 Bucureşti 부쿠레쉬띠이며 루마니아어를 공용어로 사용합니다. 루마니아어는 프랑스어, 스페인어, 포르투갈어, 이탈리아어 등과 마찬가지로 구어체 라틴어에서 유래한 언어입니다.

루마니아의 지도 모양은 물고기처럼 생겼습니다. 루마니아에는 바다, 산, 언덕, 평야, 화산, 호수, 폭포 등 다양한 볼거리들이 있으며, 다른 유럽 국가들에 비해 물가가 상당히 저렴한 편입니다.

루마니아의 최고봉은 카르파티아산의 Moldoveanu 몰도베아누로, 약 2,540m입니다. 루마니아에는 유럽 제 2의 강인 다뉴브강이 통과하여 흑해로 흐르고 있는데, 이 다뉴브강 하구에 발달한 삼각주가 다뉴브 삼각주입니다. 다뉴브 삼각주는 세계에서 손에 꼽힐 정도로 다양한 생물이 보존되어 있다고 하며, 유네스코의 세계자연유산에 등록되어 있습니다.

루마니아에는 놀이공원을 품고 있는 소금광산 Salina Turda 살리나 투르다가 있으며, 루마니아 북서부 끝에 위치한 '써푼짜'라는 작은 시골 마을의 Cimitirul vesel(즐거운 묘지)은 죽음을 '즐거움'으로 승화시킨 알록달록한 그림 묘지들로 유명합니다. 9과 문화 참고

루마니아에는 성과 고궁이 많은데, 그 중에서 Castelul Bran(브란성)과 Castelul Peleş(펠레시성)이 제일 인기가 많습니다. 브란성은 '드라큘라의 성'이란 이름으로 더 유명합니다. 길이가 90km에 이르는 Transfăgărăşan 트란스퍼거러산 고속도로는 드라이버에게 최고의 레이스를 제공합니다.

부쿠레쉬띠에는 파리의 개선문(50m)과 비슷한 27m의 개선문이 있으며, 당시에 경제가 부상하는 등 여러 가지 요소로 인해 한때 Micul Paris(작은 파리)로 알려지기도 했습니다.

루마니아 사람들은 기회가 있을 때마다 파티를 여는 것을 좋아하기 때문에 생일 파티를 비롯한 각종 축하 파티, 축제, 콘서트 등을 열고 새벽까지 음악을 들으며 춤을 추고, 바비큐를 하는 경우가 많습니다.

Capitolul

2

Bună ziua. Eu sunt Marina.

안녕하세요? 저는 마리나입니다.

주요 문법
- 루마니아어의 어순
- 인칭대명사
- a fi, a avea 동사의 현재형

어휘 및 표현

인사말 Forme de salut

MP3 02-1

- **처음 만날 때**

    Bună. [부너] 보통 인사(안녕)

    Bună dimineața. [부너 디미네아짜] 아침 인사

    Bună ziua. [부너 지와] 낮 인사

    Bună seara. [부너 세아라] 저녁 인사

    Bună.[부너]/Salut. [쌀루트] 반말 인사 (친구들끼리)

    Sărut mâna. [써룻 므나] 여자에게만 하는 인사 (존경을 표할 때)

- **헤어질 때**

    La revedere. [라 레베데레] 안녕히 가세요/계세요.

    Pa. [빠] 안녕.

    Ne auzim data viitoare. [네 아우짐 다따 비이또아레] 다음에 또 봐요.

    Pe curând. [뻬 꾸른드] 곧 만나요.

    Noapte bună. [노압떼 부너] 잘 자요.

- **기타**

    Eu sunt Marina. [예우 쑨트 마리나] 저는 마리나입니다.

    Numele meu este Jihu. [누멜레 메우 예스떼 지후] 제 이름은 지후입니다.

    Îmi pare bine (de cunoștință). [으미 빠레 비네 (데 꾸노쉬띤쩌)] 만나서 반갑습니다.

    Și mie. [시 미예] 저도요. (대답)

    O zi bună. [오 지 부너] 좋은 하루 보내세요.

국적 묻고 답하기

Q. De unde ești(sunteți)? 어디에서 왔어요(오셨습니까)?
A. Sunt din + 나라명   (저는) ~에서 왔어요.
   Sunt + 국적   (저는) ~사람이에요.

▼ 국가 및 국적 Nume de țări și naționalități

국가		국적(남/여)
영국	Anglia [앙글리아]	englez/englezoaică
브라질	Brazilia [브라질리아]	brazilian/braziliancă
캐나다	Canada [까나다]	canadian/canadiancă
중국	China [끼나]	chinez/chinezoaică
한국 (대한민국/북한)	Coreea (de Sud/Nord) [꼬레아 (데 수드/노르드)]	coreean/coreeancă ❶
스위스	Elveția [엘베찌아]	elvețian/elvețiancă
프랑스	Franța [프란짜]	francez/franțuzoaică
인도	India [인디아]	indian/indiancă
네덜란드	Olanda [올란다]	olandez/olandeză
루마니아	România [로므니아]	român/româncă
러시아	Rusia [루시아]	rus/rusoaică
스페인	Spania [스빠니아]	spaniol/spanioloaică
터키	Turcia [뚜르치아]	turc/turcoaică

※ 국적을 나타낼 때, 보통 남자의 경우 나라명 뒤에 -ez/-an을 붙이고, 여자의 경우 -oaică/-(i)ancă 를 붙인다.

❶ 대한민국 사람은 sud-coreean/sud-coreeancă,
북한 사람은 nord-coreean/nord-coreeancă라고 한다.

Capitolul 2 23

문법

A 루마니아어의 어순

한국어는 **주어 + 목적어 + 서술어(동사)** 순서로 말하지만 루마니아어는 **주어 + 서술어(동사) + 목적어** 순서로 말합니다. 단, 1과에서 언급하였듯이 루마니아어의 어순은 비교적 자유롭기 때문에 이 순서를 따르지 않는 문장들도 있습니다.

> 한국어　　 : 나는 빵을 먹는다.
> 루마니아어 : Eu mănânc pâine. (나는 + 먹는다 + 빵을)

루마니아어 어순을 좀 더 연습해 볼까요?

- 나는 마리나입니다 : Eu sunt Marina. (나는 + 입니다 + 마리나)
- 마리나는 산에 가요 : Marina merge la munte. (마리나는 + 가요 + ~에 + 산)
- 로디카는 주부예요 : Rodica este casnică. (로디카는 + 입니다 + 주부)
- 그녀는 오늘 사르말레를 만듭니다 : Ea face sarmale azi. (그녀는 + 만듭니다 + 사르말레를 + 오늘)

B 인칭대명사

인칭대명사는 문장에서 어떤 의미와 역할로 쓰이냐에 따라 형태가 달라집니다. 이번 과에서는 먼저 '주어' 역할을 하는 주격 인칭대명사를 알아보겠습니다.

● 주격

	1인칭	2인칭	3인칭
단수	eu [예우] 나/저	tu [뚜] 너/당신*	el/ea [엘/에아] 그/그녀
복수 (4, 5, 6인칭)	noi [노이] 우리	voi [보이] 너희들/당신들	ei/ele [예이/옐레] 그들/그녀들

*'반말/존댓말' 표현은 4과 참고

Ea este Maria. 그녀는 마리아예요.　　**El** este Florin. 그는 플로린이에요.
Voi sunteți amuzanți. 당신들은 재미있어요.

단어　amuzanți 재미있는

C a fi, a avea 동사 - 현재형

루마니아어 동사는 주어의 인칭에 따라 그 형태가 변화합니다. 보통 이 변화는 일정한 규칙을 따르지만 불규칙적으로 변하는 동사들도 있습니다. 동사 변화에 대한 자세한 내용은 다음 과부터 다루도록 하고, 여기서는 일상에서 자주 쓰이는 다음 2가지 동사의 변화를 먼저 살펴보겠습니다.

	a fi (~이다/있다)	a avea (가지고 있다)
1인칭	sunt [쑨트]	am [암]
2인칭	ești [예쉬띠]	ai [아이]
3인칭	este [예스떼]	are [아레]
4인칭	suntem [쑨뗌]	avem [아벰]
5인칭	sunteți [쑨떼찌]	aveți [아베찌]
6인칭	sunt [쑨트]	au [아우]

● **a fi**

'~이다/있다'라는 뜻의 동사로, 사람이나 사물의 이름, 직책, 국적, 성질 등을 말할 때 사용합니다. a fi 동사는 보통 명사나 형용사, 또는 전치사구와 같이 씁니다. (영어의 be동사와 같은 개념)

Eu sunt Daniel. 나는 다니엘이에요.
Tu ești student. 당신은 (남)학생이에요(너는 (남)학생이다).
El/Ea este din Coreea. 그/그녀는 한국에서 왔어요(출신이에요).
Eu sunt acasă. 나는 집에 있어요.
Tu ești acasă. 당신은 집에 있어요.(너는 집에 있다.)

● **a avea**

'가지다/가지고 있다', '소유하다'의 의미를 나타내는 동사입니다.

Eu am calculator. 나는 컴퓨터가 있어요.
Noi avem casă. 우리는 집이 있어요.
Ei/Ele au creioane. 그들/그녀들은 연필들이 있어요.

단어 din ~에서 Coreea 한국 student(ți) m.남학생 calculator(-oare) n. 컴퓨터(들) casă(e) f. 집(들) acasă 집에
creion(-oane) n. 연필(들)

Capitolul 2 25

대화와 이야기

MP3 02-2

Jihu	Bună ziua. Eu* sunt Jihu.
	부너 지와. 예우 쑨트 지후.
Marina	Bună ziua. Eu sunt Marina.
	부너 지와. 예우 쑨트 마리나.
Jihu	Îmi pare bine.
	으미 빠레 비네.
Marina	Și mie îmi pare bine.
	시 미예 으미 빠레 비네.

해석

지후: 안녕하세요? 저는 지후입니다.
마리나: 안녕하세요? 저는 마리나입니다.
지후: 만나서 반갑습니다.
마리나: 저도 반갑습니다.

* Eu나 Este에서 맨 앞의 알파벳 'e'는 지역에 따라 '예'가 아닌 '에'로도 발음됩니다.

새단어

☐ Îmi pare bine. 만나서 반갑습니다. ☐ și mie 나(에게)도

Bună ziua.
부너 지와

Eu sunt Marina.
예우 쑨트 마리나

Eu sunt studentă.
예우 쑨트 스투덴떠

Sunt din România.
쑨트 딘 로므니아

Îmi pare bine de cunoștință.
으미 빠레 비네 데 꾸노쉬띤쩌.

안녕하세요.

저는 마리나입니다.

저는 (여)학생입니다.

루마니아에서 왔습니다.

만나서 반갑습니다.

Bună ziua.
부너 지와

Eu sunt Jihu.
예우 쑨트 지후

Eu sunt angajat.
예우 쑨트 안가쟡

Sunt din Coreea.
쑨트 딘 꼬레아

Îmi pare bine de cunoștință.
으미 빠레 비네 데 꾸노쉬띤쩌.

안녕하세요.

저는 지후입니다.

저는 회사원입니다.

한국에서 왔습니다.

만나서 반갑습니다.

새단어

- □ studentă(e) *f.* 여학생
- □ angajat(ți) *m.* 남자 회사원
- □ angajată(e) *f.* 여자 회사원

Capitolul 2　27

연습문제

1. 다음을 루마니아어로 쓰세요.

    (1) 아침 인사말 ▶ _____

    (2) 저녁 인사말 ▶ _____

    (3) 만나서 반갑습니다 ▶ _____

    (4) 여자에게 하는 인사말 (존경할 때) ▶ _____

    (5) 좋은 하루 되세요 ▶ _____

2. 그림 속 인물의 국적을 남녀에 맞게 쓰세요.

    (1)
    _____

    (2)
    _____

    (3)
    _____

    (4)
    _____

    (5)
    _____

3. 빈칸에 알맞은 인칭대명사를 쓰세요.

(1) _____ este Andrei.
그는 안드레이입니다.

(2) _____ suntem acasă.
우리는 집에 있어요.

(3) Maria este în Anglia. _____ este angajată.
마리아는 영국에 있어요. 그녀는 회사원이에요.

(4) _____ ești student.
너는 학생이야.

4. 괄호 안에 알맞은 동사를 고르세요.

(1) Eu (am / sunt) mașină. 나는 자동차가 있어요.

(2) Tu (ai / ești) bani. 당신은 돈이 있어요.

(3) Ea (are / este) acasă. 그녀는 집에 있어요.

(4) Noi (avem / suntem) un vis mare. 우리는 큰 꿈이 있어요.

(5) Voi (aveți / sunteți) la mare. 당신들은 바다에 있어요.

(6) Ei (au / sunt) la piscină. 그들은 수영장에 있어요.

단어 acasă 집에　mașină(i) *f.* 자동차(들)　ban(-i) *m.* 돈(들)　un 하나의 (부정관사, 5과 참고)　vis(-e) *n.* 꿈(들)　mare 큰　la ~에
mare(mări) *f.* 바다(들)　piscină(e) *f.* 수영장(들)　în ~(안)에

루마니아 사람들의 생활

루마니아는 대부분이 루마니아정교를 믿는 나라이기 때문에 가족을 중시하고, 도덕적인 것들을 중요하게 생각합니다. 루마니아 사람들은 같이 모여 TV를 보거나 친척이나 친구들을 방문하거나 갖가지 이벤트에 참여하여 여럿이 함께 시간을 보내는 것을 좋아합니다.

루마니아 사람들은 다양한 날(국경일, 종교적 휴일, 생일 등)을 기념하며 모든 기념일에 축하 파티를 열곤 합니다. 크리스마스나 부활절 같은 종교적 기념일에는 많은 전통 음식을 요리하고 캐롤을 부르거나 양고기를 먹는 풍습이 있습니다. 또한 친척들이 한데 모여 함께 요리하고 먹고 마시며 이야기하는 등 즐거운 시간을 보냅니다. 요리를 하지 못했거나 가져오지 못한 경우에는 와인 등의 선물을 준비하곤 합니다. 어른들은 오랜만에 만난 아이들에게 용돈을 주기도 합니다. 루마니아인들에게 선물 문화는 상당히 중요하기 때문에 선물을 신경써서 정성껏 준비합니다.

스포츠 경기와 같은 행사 때 루마니아인들은 그들의 나라를 사랑하는 모습을 보이기도 합니다. 일부는 일자리 문제 등으로 나라를 떠나지만, 상황이 나아지거나 조국의 아름다움과 특별하고 멋진 전통문화를 깨닫고 돌아오기도 합니다. 많은 루마니아인들은 그들의 나라를 비판하는 것을 참기 어려워합니다. 그래서 나라에 대한 부정적인 이야기는 피하는 것이 좋습니다. (특히 시골 지역을 중심으로) 대부분의 외국인들은 환대를 받고 루마니아 문화에 빠르게 동화될 수 있게 도움을 받는 경우가 많습니다.

루마니아 사람들은 타국에 오랜 기간 머무르고자 한다면 그 나라의 언어를 익히는 것이 필요하다고 생각합니다. 그래서 누군가 그들의 언어를 배우고자 할 때면 진심으로 도움을 주고자 합니다. 참고로, 루마니아어도 한국어와 마찬가지로 존댓말이 있습니다. 그러니 어른들께는 존댓말로 말하기를 권장합니다. 4과 참고

루마니아 사람들은 외국인들이나 처음 만난 사람들에게 열린 마음으로 대하고 그들에게 호기심을 갖고 다가가는 편입니다. 루마니아가 한때 '유럽의 심장'이라 불린 이유는 위치 때문이라기보다 외국인들을 친절하게 대하기 때문이었다고 합니다.

Capitolul

3

Ea este Diana. Ea este studentă.

그녀는 디아나예요. 그녀는 학생이에요.

주요 문법

- 동사의 현재형 (1)
- 형용사 (1)

어휘 및 표현

소개하기 Expresii de prezentare

O să mă prezint. [오 서 머 프레진트] 제 소개를 하겠습니다.

Mă cheamă Mihaela. [머 께아머 미하엘라] 저는 미하엘라라고 합니다.

Cine este el/ea? [치네 예스떼 옐/예아?] 이분(남자/여자)은 누구십니까?

El/Ea este Adrian/Alina. [옐/예아 예스떼 아드리안/알리나] 그는/그녀는 아드리안/알리나입니다.

Îl/O* cheamă Mihai/Andreea. [을/오 께아머 미하이/안드레아]
그는/그녀는 미하이/안드레아라고 합니다. (* 남자/여자)

Numele lui/ei* este Mihai/Andreea. [누멜레 루이/예이 예스떼 미하이/안드레아]
그의/그녀의 이름은 미하이/안드레아입니다. (* 남자/여자)

나이 묻고 답하기

> Câți ani ai? [크찌 아니 아이] 몇 살이야?
> Ce vârstă aveți? [체 브르스떠 아베찌] 나이가 어떻게 되세요?
> Am + 나이(숫자) + (de)* ani. [암 … (데) 아니] 저는 ~살이에요.

Am 10 ani. [암 제체 아니] (저는) 10살이에요.

Am 33 de ani. [암 뜨레이제치 시 뜨레이 데 아니] (저는) 33살이에요.

*19살까지는 Am ~ani라고 하고, 20살부터는 Am ~ de ani라고 합니다.

숫자 Cifre

1	2	3	4
unu❶	doi❷	trei	patru
[우누]	[도이]	[뜨레이]	[빠뜨루]
5	6	7	8
cinci	șase	șapte	opt
[친치]	[샤세]	[샵떼]	[옵뜨]
9	10	11	12
nouă	zece	unsprezece	doisprezece
[노워]	[제체]	[운스프레제체]	[도이스프레제체]
13	14	15	16
treisprezece	paisprezece	cincisprezece	șaisprezece
[뜨레이스프레제체]	[빠이스프레제체]	[친치스프레제체]	[샤이스프레제체]
17	18	19	20
șaptesprezece	optsprezece	nouăsprezece	douăzeci
[샵테스프레제체]	[옵뜨스프레제체]	[노워스프레제체]	[도워제치]
30	40	50	60
treizeci	patruzeci	cincizeci	șaizeci
[뜨레이제치]	[빠뜨루제치]	[친치제치]	[샤이제치]
70	80	90	100
șaptezeci	optzeci	nouăzeci	o sută
[샵떼제치]	[옵뜨제치]	[노워제치]	[오 수떠]

※ 0: zero [제로], 21: douăzeci și unu❸ [도워제치 시 우누]

- ❶ unu는 단독으로 숫자 1을 의미하기도 하지만, 명사 앞에서 '하나의'라는 뜻으로 쓰이기도 합니다. 이때는 형태가 달라지는데, 남성 명사 앞에는 **un**, 여성 명사 앞에는 **o**의 형태로 씁니다.
- ❷ doi는 단독으로 숫자 2를 의미하기도 하지만, 명사 앞에서 '두 개의'라는 뜻으로 쓰이기도 합니다. 이때 여성 명사 앞에서는 **două**로 형태를 바꾸어 씁니다.
- ❸ 21, 22, 31 등의 숫자에 있는 1과 2도 위와 같이 구분하여 사용합니다.

문법

A 동사의 현재형 (1)

현재시제에서 동사가 어떤 규칙으로 변하는지 살펴보겠습니다. 들어가기에 앞서, 루마니아어는 동사 앞에 'a'를 붙여서 원형을 표기한다는 것을 미리 알아둡시다.

루마니아어 동사는 끝이 -a, -i, -ea, -e, -î 5가지 종류로 끝납니다. 이 5가지 어미에 따라 변화 규칙이 조금씩 다른데, 이번 과에서는 -a, -i로 끝나는 동사를 먼저 살펴보겠습니다.

인칭	-a		-i	
	a termina 끝내다 (ø)	a lucra 일하다 (-ez)	a dormi 자다 (ø)	a vorbi 얘기하다 (-esc)
Eu	termin	lucrez	dorm	vorbesc
Tu	termini	lucrezi	dormi	vorbești
El/Ea	termină	lucrează	doarme	vorbește
Noi	terminăm	lucrăm	dormim	vorbim
Voi	terminați	lucrați	dormiți	vorbiți
Ei/Ele	termină	lucrează	dorm	vorbesc

* 각 동사에 (ø), (-ez), (-esc)와 같은 표시는 1인칭부터 어떤 형태로 변화하기 시작하는지를 나타낸 것입니다. (ø)는 원형의 어미를 제거한 뒤 아무것도 붙이지 않음을 나타내고, (-ez)는 ez를, (-esc)는 esc를 붙인다는 것을 나타냅니다.

(Eu) Termin tema. (나는) 그 숙제를 끝내요.
(El) Termină cartea. (그는) 그 책을 끝내요.
(Tu) Dormi. (너는) 잔다.
(Voi) Dormiți acasă. (당신들은) 집에서 잡니다.

부정의 의미는 동사 앞에 **nu**를 붙입니다.

(Eu) Nu termin tema. (나는) 숙제를 끝내지 않아요.

잠깐 대부분 위와 같이 규칙적으로 변화하지만 예외도 존재합니다.

단어 temă(e) f. 숙제(들)   carte(cărți) f. 책(들)

B 형용사 (1)

형용사는 상태나 성질 등을 나타내는 단어로, 한국어는 명사 앞에 위치하는 반면 루마니아어는 명사 뒤에 위치합니다.

limbă simplă 쉬운 언어
băiat deștept 똑똑한 남자

루마니아어 형용사는 수식하는 명사의 성과 수에 따라 형태가 달라지는데, 그 형태의 변화는 대부분 일정한 규칙을 따릅니다. 수식하는 명사가 '남성 단수/여성 단수/남성 복수/여성 복수'일 때, 형용사의 단어 끝이 각각 '-자음/-ă/-i/-e' 형태로(발음의 편의 등의 이유로 예외도 있음) 끝나는데, 이렇게 성·수에 모두 영향을 받아 4가지로 변하는 경우가 많고, 3, 2가지 변화를 보이거나 아예 변화를 보이지 않는 경우도 있습니다. 이번 과에서는 4, 3가지 변화를 보이는 형용사들을 살펴보겠습니다.

● 4가지 변화를 보이는 형용사(성·수에 따라 모두 변함)

		좋은	예쁜, 잘생긴	간단한, 쉬운	(맛이) 신
단수	남성/중성	bun	frumos	simplu	acru
	여성	bună	frumoasă	simplă	acră
복수	남성	buni	frumoși	simpli	acri
	여성/중성	bune	frumoase	simple	acre

Jihu este băiat bun. 지후는 좋은 남자예요.   Este o pernă bună. (이것은 한) 좋은 베개예요.
Cățelușii sunt frumoși. (그) 강아지들은 예뻐요.   Pisicile sunt frumoase. (그) 고양이들은 예뻐요.

● 3가지 변화를 보이는 형용사

		작은	루마니아적인	새로운	넓은
단수	남성/중성	mic	românesc	nou	larg
	여성	mică	românească	nouă	largă
복수	남성/중성/여성	mici	românești	noi	largi

caiet mic 작은 공책   fiică mică 작은 딸   fiice/obiecte mici 작은 딸들/물건들

단어 limbă(i) *f.* 언어(들)   simplu(ă, i, e) 간단한   deștept(eaptă, epți, epte) 똑똑한   băiat(băieți) *m.* (어린, 젊은) 남자   o 하나의
pernă(e) *f.* 베개   cățel(-uși) *m.* 강아지   pisică(i) *f.* 고양이   caiet(-e) *n.* 공책   fiică(e) *f.* 딸   obiect(-e) *n.* 물건

대화와 이야기

MP3 03-2

Jihu	Bună, Marina. Cine este ea?
	부너, 마리나. 치네 예스떼 예아?
Marina	Ea este mama mea.
	예아 예스떼 마마 메아.
Jihu	Este frumoasă. Câți ani are?
	예스떼 프루모아써. 끄찌 아니 아레?
Marina	Are 51 de ani.
	아레 친치제치 시 우누 데 아니.

해석

지후: 안녕하세요, 마리나 씨. 이분은 누구세요?
마리나: 그녀는 제 엄마예요.
지후: 아름다우시네요. 나이가 어떻게 되세요?
마리나: 51세세요.

새단어

- cine 누구
- mamă(e) f. 어머니, 엄마
- mea 나의

Ea este Diana.
예아 예스떼 디아나.

Ea este studentă.
예아 예스떼 스투덴떠.

Este deșteaptă și frumoasă.
예스떼 데쉬떼압떠 시 프루모아써.

Ea vorbește bine românește.
예아 보르베쉬떼 비네 로므네쉬떼.

Noi studiem împreună limba coreeană.
노이 스투디엠 음쁘레우너 림바 꼬레아너.

그녀는(이분은) 디아나예요.
그녀는 학생이에요.
그녀는 똑똑하고 예뻐요.
그녀는 루마니아어를 잘해요.
우리는 함께 한국어를 공부해요.

Am un cățel.
암 운 꺼쩰.

El este mic și alb.
옐 예스떼 믹 시 알브.

Noi mergem în parc, și dormim împreună.
노이 메르젬 은 빠르끄, 시 도르밈 음쁘레우너.

El este un prieten bun.
옐 예스떼 운 쁘리에뗀 분.

저는 강아지 한 마리가 있어요.
그것은 작고 흰색이에요.
우리는 같이 공원에 가고 같이 자요.
그것은 좋은 친구예요.

새단어

- și 그리고
- a vorbi(esc) 얘기하다
- bine 잘
- românește 루마니아어로
- a studia(ez) 공부하다
- împreună 함께
- limba coreeană 한국어
- alb(ă,i,e) 하얀
- a merge (ø) 가다
- în ～안에
- parc(-uri) *n.* 공원(들)
- a dormi(ø) 자다

Capitolul 3　37

연습문제

1. 빈칸에 들어갈 숫자를 루마니아어로 쓰세요.

   (1) Eu am _____ (20) de cărți.
   (2) Ea are _____ (18) caiete.
   (3) El are _____ (4) calculatoare.
   (4) Marina are _____ (8) șosete.
   (5) Mihai are _____ (30) perechi de adidași.
   (6) George are _____ (10) case.
   (7) Tinca are _____ (45) de creioane.

2. 다음 문장을 루마니아어로 쓰세요.

   (1) 저는 김세라고 합니다.
      ▶ _____

   (2) 알리나는 똑똑한 여자예요.
      ▶ _____

   (3) 몇 살이세요?
      ▶ _____

   (4) 그 여학생은 한국어와 루마니아어를 공부해요.
      ▶ _____

   (5) 우리는 루마니아어로 이야기해요.
      ▶ _____

단어 creion(oane) *n.* 연필(들)   pereche(i) *f.* 짝   adidas(și) *m.* 운동화(들)   șosetă(e) *f.* 양말(들)   studenta 그 여학생 (정관사, 5과 참고)

3. 다음 동사 변화표의 빈칸을 채우세요.

	1인칭	2인칭	3인칭	4인칭	5인칭	6인칭
a chema(ø) 부르다	chem			chemăm	chemați	cheamă
a studia(ez) 공부하다		studiezi		studiem	studiați	studiază
a întreba(ø) 물어보다	întreb		întreabă		întrebați	întreabă
a fugi(ø) 뛰어가다	fug		fuge	fugim	fugiți	
a citi(esc) 읽다		citești	citește	citim		citesc
a fi (불규칙) ~이다			este		sunteți	sunt
a avea (불규칙) 가지다			are		aveți	

4. 빈칸에 들어갈 형용사를 〈보기〉에서 골라 알맞은 형태로 쓰세요.

| 보기 | mic   larg   bun   nou   simplu |

(1) 새로운 가방   geantă _____
(2) 넓은 방   cameră _____
(3) 좋은 친구   prieten _____
(4) 작은 책   carte _____
(5) 간단한 문제   problemă _____

단어   geantă(ți) f. 가방   cameră(e) f. 방   problemă(e) f. 문제

루마니아 사람들의 이름

루마니아 사람들의 이름은 대부분 한 개의 성과 하나 또는 두 개의 이름으로 이루어져있습니다.

보통, 아이들은 아버지의 성을, 아내는 남편의 성을 따릅니다. 또한 남편이 없는 여자의 아이는 어머니의 성을 따릅니다. 루마니아 법은 유연한 부분이 있어서 커플들에게 결혼 후 본인들의 성 중에서 원하는 성을 택할 수 있는 권리를 줍니다. 이혼을 하게 되면, 성을 바꾼 배우자는 자동으로 결혼 전의 성을 되찾게 됩니다. 루마니아의 성과 이름에는 여러 가지 의미가 담긴 경우가 많습니다.

먼저, 성을 살펴보겠습니다.
루마니아의 성은 대부분 '-escu, -ăscu, -eanu, -anu, -an, -aru, -atu, -oiu, -cu'로 끝납니다. 그 중 '-eanu' 또는 '-an'으로 끝나는 성들은 지역, 강, 마을 등의 이름을 의미합니다. 예를 들어, Ardeleanu아르델레아누는 'Ardeal 지역에서'를, Moldoveanu몰도베아누는 'Moldova강에서'를 의미합니다. '-escu'로 끝나는 성들은 해당 이름 아버지의 아이라는 것을 의미합니다. 예를 들어, Ionescu요네스쿠는 'Ion이온의 아들'임을, Georgescu제오르제스쿠는 '제오르제의 아들'임을 의미합니다. 어떤 성은 그 사람의 직업이나 별명을 뜻하기도 합니다. 예를 들어, Ciobanu치오바누는 '양치기'를, Croitoru크로이또루는 '재단사'를, Lupu루뿌는 '늑대'를, Ursu우르수는 '곰'을, Popa뽀빠는 '성직자'를 의미합니다.

이제 이름을 살펴보겠습니다.
루마니아는 루마니아정교의 나라이기 때문에, 이름을 '정교회 성인 달력'에서 따오는 경우가 많습니다. 예를 들어, 한 아이가 성인 Nicholas니콜라스를 기념하는 날 근처에 태어난다면 그 아이는 Nicolae니콜라예/남자 혹은 Nicoleta니콜레타/여자라는 이름을 갖게 됩니다. 참고로, 인기가 많은 종교 이름으로 (남자/여자) Andrei안드레이/Andreea안드레야, Alin알린/Alina알리나, Cristian크리스티안/Cristina크리스티나, George제오르제/Georgiana제오르지아나, Mihai미하이/Mihaela미하엘라, Marian마리안/Mariana마리아나, Elena엘레나, Tinca팅카, Ecaterina에까떼리나, Ștefan쉬떼판/Ștefania쉬떼파니야 등이 있습니다. 여자 이름은 대부분 '-a'로 끝납니다. 트란실바니아 지역을 중심으로, 어떤 이름들은 로마 황제의 이름에서 따오기도 합니다. 'Trajan'에서 온 Traian트라얀, 'Cornelius'에서 온 Cornel코르넬/Cornelia코르넬리야 등이 그렇습니다. 수선화에서 온 Narcis나르치스/Narcisa나르치사, 백합에서 온 Crin크린/Crina크리나, 태양(soare)에서 온 Sorin소린/Sorina소리나, 바다(mare)에서 따온 Marin마린/Marina마리나 같이 자연이나 꽃에서 유래한 이름들도 있습니다.

Capitolul

4

Astăzi vremea este frumoasă. Hai să mergem la picnic!

오늘은 날씨가 좋아요. 소풍을 갑시다!

주요 문법
- 동사의 형재형 (2)
- 형용사 (2)
- 제안하기

어휘 및 표현

날씨 Vreme　　　　　　　　　　　　　　　　　　　　　MP3 04-1

cald [깔드] 더움, 더운　　　　　　　călduț [껄두쯔] 따뜻한

frig [프리그] 추움　　　　　　　　　răcoros [러꼬로스] 시원한

a bate vântul [아 바떼 븐뚤] 바람이 불다　　a ploua [아 쁠로우아] 비가 내리다

a ninge [아 닌제] 눈이 내리다　　　　a senin [쎄닌] 맑은

ceață [체아쩌] 안개　　　　　　　înnorat [은노라뜨] 흐린

계절에 따른 활동 Activități pe fiecare anotimp

● 봄 Primăvară [쁘리머바러]

　　a se plimba [아 세 쁠림바] 산책하다
　　　(ø)
　　a face poze [아 파체 뽀제] 사진을 찍다
　　　(ø)

　　a ieși (merge) la picnic
　　　(ø)
　　[아 예시(메르제) 라 픽닉] 소풍을 가다

● 여름 Vară [바러]

　　a merge la ștrand [아 메르제 라 쉬트란드] 공공 수영장에 가다
　　　(ø)
　　a merge la mare [아 메르제 라 마레] 바다에 가다
　　　(ø)
　　a munci în grădină [아 문치 은 그러디너] 정원을 가꾸다
　　　(esc)
　　a se bronza [아 세 브론자] 태닝을 하다
　　　(ez)

● 가을 Toamnă [또암너]

　　a culege recolta [아 꿀레제 레꼴따] 수확(추수)하다
　　　(ø)
　　a citi cărți [아 치티 꺼르찌] 책을 읽다
　　　(esc)

　　a petrece [아 뻬트레체] 파티를 하다
　　　(ø)

● 겨울 Iarnă [야르너]

　　a se bate cu zăpadă [아 쎄 바떼 꾸 저빠더] 눈싸움을 하다
　　　(ø)
　　a face om de zăpadă [아 파체 옴 데 저빠더] 눈사람을 만들다
　　　(ø)
　　a petrece de Crăciun [아 뻬뜨레체 데 끄러치운] 크리스마스 파티를 하다
　　　(ø)
　　a colinda [아 꼴린더] 캐롤을 부르다
　　　(ø)

날짜 말하기

Q. Ce dată este astăzi? 오늘 며칠이에요? (dată(e) f. 날짜)
A. Astăzi este paisprezece februarie. 오늘은 2월 14일이에요.

▼ 월 Lunile anului

1월	2월	3월	4월	5월	6월
ianuarie [야누아리에]	februarie [페브루아리에]	martie [마르띠에]	aprilie [아쁘릴리에]	mai [마이]	iunie [유니에]
7월	8월	9월	10월	11월	12월
iulie [율리에]	august [아우구스트]	septembrie [쎕땜브리에]	octombrie [오크톰브리에]	noiembrie [노엠브리에]	decembrie [데쳄브리에]

▼ 요일 Zilele săptămânii

월요일	화요일	수요일	목요일	금요일
luni [루니]	marți [마르찌]	miercuri [메르쿠리]	joi [조이]	vineri [비네리]
토요일	일요일	평일	주말	
sâmbătă [쌈버떠]	duminică [두미니꺼]	zi lucrătoare [지 루끄러또아레]	sfârșit de săptămână [스프르싯 데 썹떠므너]	

▼ 시간 표현 Expresii temporale

anul trecut [아눌 뜨레꿋] 작년	anul acesta [아눌 아체스타] 올해	anul viitor [아눌 비이토르] 내년
luna trecută [루나 뜨레꾸떠] 지난달	luna aceasta [루나 아체아스타] 이번 달	luna viitoare [루나 비이또아레] 다음 달
săptămâna trecută [썹떠므나 뜨레꾸떠] 지난주	săptămâna aceasta [썹떠므나 아체아스타] 이번 주	săptămâna viitoare [썹떠므나 비이토아레] 다음 주

Capitolul 4

문법

A 동사의 현재형 (2)

이번에는 -ea, -e, -î 어미를 가진 동사들을 살펴봅시다.

인칭	-î a coborî 내리다 (ø)	a hotărî 결정하다 (-ăsc)	-e a merge 가다 (ø)	-ea a vedea 보다 (ø)
Eu	cobor	hotărăsc	merg	văd
Tu	cobori	hotărăști	mergi	vezi
El/Ea	coboară	hotărăște	merge	vede
Noi	coborâm	hotărâm	mergem	vedem
Voi	coborâți	hotărâți	mergeți	vedeți
Ei/Ele	coboară	hotărăsc	merg	văd

(Eu) Văd un film. (나는 한) 영화를 봐요.
(El) Merge la mare. (그는) 바다에 가요.
(Noi) Coborâm din autobuz. (우리는) 버스에서 내려요.
(Tu) Mergi acasă. (당신은) 집에 가요.
(Voi) Coborâți din copac. (당신들은) 나무에서 내려와요.

부정의 의미는 동사 앞에 **nu**를 붙입니다.

(El) Nu merge la mare. (그는) 바다에 가지 않아요.

잠깐 대부분 위와 같이 규칙적으로 변화하지만 예외도 존재합니다.

※ 루마니아어에서 '2인칭 복수 형태'는 높임말을 표현하고자 할 때에도 쓰입니다. '2인칭 단수 형태'는 나이가 조금 더 많은(차이가 적은) 상대에게도 흔히 쓰이지만 나이 차이가 크거나 처음 만나는 사람 또는 지위가 높은 사람에게 높임말을 쓸 때는 '2인칭 복수 형태'를 사용합니다.

Unde mergeți? 어디로 가십니까?
Coborâți aici. 여기에서 내리십시오.

단어 film(-e) *n.* 영화(들) autobuz(-e) *n.* 버스(들) copac(-i) *m.* 나무(들) un 한, 하나의 aici 여기에서

B 형용사 (2)

이번에는 2가지 변화만 보이거나 변화를 보이지 않는 형용사들을 살펴봅시다.

● 2가지 변화를 보이는 형용사

		큰	달콤한	녹색인	차가운
단수	남성/중성/여성	mare	dulce	verde	rece
복수	남성/중성/여성	mari	dulci	verzi	reci

prăjitură dulce 달콤한 케이크
băiat mare 큰 남자
case mari 큰 집들

● 변화를 보이지 않는 형용사(성·수에 따른 변화가 없음)

		행실이 바른	핑크인	젖은	온순한
단수/복수	남성/중성/여성	cumsecade	roz	leoarcă	cuminte

Ei sunt cumsecade. 그들은 행실이 바릅니다.
Mihai este cuminte. 미하이는 온순합니다.

C 제안하기: Hai/Haideți să… + 동사의 현재형

제안하는 표현은 상대에 따라 두 가지로 나뉩니다. 친구들이나 가까운 사람에게는 "Hai să ~", 윗사람이나 친하지 않은 사람에게는 "Haideți să ~"라는 공손한 표현을 씁니다. '~하자', '~합시다'라는 뜻이며, 보통 4인칭(1인칭 복수) 주어 문장에서 많이 사용합니다.

Hai să mergem la munte! 산에 가자!
Haideți să mâncăm pizza! 피자를 먹읍시다!
Hai să dormim! 자자!
Haideți să bem o bere! 맥주 한 잔 합시다!

단어 prăjitură(i) f. 케이크(들)   munte(ți) m. 산(들)   pizza f. 피자   bere(i) f. 맥주 한(여러) 잔

대화와 이야기

MP3 04-2

Jihu	Vremea este frumoasă. Ce faci astăzi?
	브레메아 예스떼 프루뫄서. 체 파치 아스떠지?
Marina	Nu am niciun plan.
	누 암 니치운 쁠란.
Jihu	Atunci, hai să mergem la picnic!
	아뚠치, 하이 서 메르젬 라 픽닉!
Marina	Este o idee bună. Hai să mâncăm și înghețată!
	예스떼 오 이데에 부너. 하이 서 믄껌 시 은게짜떠!

해석

지후: 날씨가 좋네. 오늘 뭐해?
마리나: 아무 계획이 없어.
지후: 그럼, 소풍 가자!
마리나: 좋은 생각이야. 아이스크림도 먹자!

새단어

- vreme(uri) *f.* 날씨
- ce 무엇, 뭐
- a face(ø) 하다
- astăzi, azi 오늘
- niciun 아무런
- plan(-uri) *n.* 계획(들)
- atunci 그러면
- la ~로, ~에
- idee(i) *f.* 아이디어(들)
- picnic(-e) *n.* 소풍
- a mânca(ø) 먹다
  (mănânc, mănânci, mănâncă, mâncăm, mâncați, mănâncă)
- și ~도, 그리고
- înghețată(e) *f.* 아이스크림(들)

Acum este vară.
아꿈   예스떼 바러.

De obicei, vara este foarte cald.
데   오비체이, 바라 예스떼 포아르떼 깔드.

Dar astăzi vremea este frumoasă.
다르 아스떠지 브레메아 예스떼 프루뫄서.

De aceea merg cu Jihu la picnic.
데   아체에아 메르그 꾸 지후 라 픽닉.

Abia aștept!
아비아 아쉬뗍뜨!

지금은 여름이에요.
원래, 여름은 매우 더워요.
하지만 오늘은 날씨가 좋아요.
그래서 지후와 소풍을 가요.
기대돼요!

De obicei, vara este cald și cerul este senin.
데   오비체이, 바라 예스떼 깔드 쉬 체룰   예스테 세닌.

Dar anul acesta plouă mult.
다르 아눌   아체스타 쁠로우어 물뜨.

De aceea, grădina este verde și frumoasă.
데   아체에아, 그러디나   예스떼 베르데 쉬 프루모아서.

보통, 여름은 덥고 하늘이 맑아요.
하지만 올해는 비가 많이 와요.
그래서, 정원이 푸르고 아름다워요.

새단어

- acum 지금
- de obicei 원래, 보통
- foarte 아주
- dar 하지만, 그런데
- de aceea 그래서
- cu ~와/과 (함께)
- cer(-i) *m.* 하늘 (정관사 ul이 붙은 형태)
- anul acesta 올해
- mult(ă,ți,e) 많은
- grădină(i) *f.* 정원

연습문제

1. 그림에 알맞은 단어를 〈보기〉에서 골라 쓰세요.

   | 보기 | călduț   răcoros   înnorat   ceață   a bate vântul   senin

   (1) _____
   (2) _____
   (3) _____
   (4) _____
   (5) _____
   (6) _____

2. 다음 동사의 인칭 변화표를 채우세요.

	1인칭	2인칭	3인칭	4인칭	5인칭	6인칭
a vrea (ø) 원하다						
a înțelege (ø) 이해하다						
a hotărî (-ăsc) 결정하다						
a merge (ø) 가다						

3. 다음 빈칸에 형용사의 알맞은 형태를 쓰세요.

　　(1) casă _____ (큰 집)
　　(2) băieți _____ (행실이 바른 남자들)
　　(3) copil _____ (온순한 아이)
　　(4) fete _____ (작은 여자들)
　　(5) mâncare _____ (달콤한 음식)

4. 다음 문장을 루마니아어로 쓰세요.

　　(1) 오늘 결정하자!
　　　▶ _____

　　(2) 빨리 가자!
　　　▶ _____

　　(3) 건강하게 먹자!
　　　▶ _____

　　(4) 잡시다!
　　　▶ _____

　　(5) 지금 내립시다!
　　　▶ _____

단어 fată(fete) *f.* (어린, 젊은) 여자(들)　mâncare(mâncăruri) *f.* 음식(들)　sănătos 건강하게　repede 빨리

Capitolul 4　49

루마니아의 사계절

루마니아도 한국처럼 사계절이 있습니다.

봄에는 아침 저녁으로 시원한 바람이 불고 낮에는 따뜻합니다. 한국처럼 보통 3월부터 5월 말까지가 봄 기간인데 지역마다 날씨가 많이 다릅니다. 북서쪽이 보통 더 시원하고 남동쪽은 따뜻합니다. 그 이유는 카르파티안 산맥이 루마니아를 가로지르고 있기 때문입니다. 봄에는 꽃과 야채를 심고 가꾸며, 정원을 비롯해 산과 들에 핀 꽃과 나무들로 아름다운 경치를 볼 수 있습니다.

여름에는 날씨가 꽤 덥습니다. 북서쪽에는 산이 많아 저녁에는 시원해질 수도 있지만 남동쪽은 덥습니다. 하지만 습도는 높지 않습니다. 도시에는 사람들이 테라스에서 시원한 맥주를 마시며 수영장에도 많이 갑니다. 시골에서는 봄에 심은 작물이 자라 거의 매일 신선한 야채와 과일을 먹을 수 있으며, 신선한 풀을 먹은 소나 양들에게서 나온 유기농 치즈나 우유도 먹을 수 있습니다. 여름엔 많은 사람들이 축제를 즐기곤 합니다.

가을에는 날씨가 시원해지고 비가 자주 내립니다. 온도는 약 5~10ºC입니다. 지역에 따라 다를 수도 있지만 보통 덥다가 소나기가 내릴 때가 많습니다. 요즘엔 가을이 11월 초까지 더운 편입니다. 가을에는 배, 호두, 감자 등 야채와 과일을 긴 겨울을 위해 준비해 둡니다. 그래서 보통 시골 사람들에게는 이 기간이 제일 바쁜 시기입니다. 왜냐하면 겨울을 위해 피클, 토마토 소스, 각종 야채 소스, 과일잼 같은 것들을 미리 만들어 두어야 하기 때문입니다.

겨울은 보통 12월부터 3월까지인데, 요새는 지역에 따라 11월 말부터 (가끔 더 일찍) 많이 쌀쌀해지고 추위가 거의 4월까지 이어지기도 합니다. 겨울에는 눈이 많이 내려 돌아다니기가 힘들어지는 지역도 있습니다. 기차나 버스가 잘 다니지 않기 때문에 원래 시간보다 늦게 출발하고 도착할 때도 있습니다. 그래서 겨울에는 많은 사람들이 집이나 실내에서 만나 시간을 보냅니다. 루마니아에서 부활절과 더불어 가장 중요한 명절이 바로 크리스마스인데, 이때 보통, 학교는 2주 동안 방학을 하고 회사도 일주일 정도 휴가를 갖습니다. 이 기간에 사람들은 맛있는 음식을 요리해서 손님(가족, 친구, 친척 등)을 초대하거나 전통 음악이나 캐롤을 듣고, 준비한 음식과 술을 마시며 즐거운 시간을 보냅니다.

Capitolul

5

Trebuie să merg în parc.
Cum pot să ajung acolo?

공원에 가야 해요. 어떻게 갈 수 있어요?

주요 문법
- 부정관사
- 정관사
- 의무, 필요
- 가능, 허락

어휘 및 표현

교통 Transport　　　MP3 05-1

mașină(i) [마시너] *f.* 자동차
tren(-uri) [뜨렌] *n.* 기차
autocar(-e) [아우또까르] *n.* 고속버스
tramvai(-e) [뜨람바이] *n.* 전차
taxi(-uri) [딱시] *n.* 택시
motocicletă(e) [모또치끌레떠] *f.* 오토바이
bicicletă(e) [비치클레떠] *f.* 자전거
autobuz(-e) [아우또부즈] *n.* 버스
metrou(-ri) [메뜨로우] *n.* 지하철
vapor(vapoare) [바뽀르(바뽀아레)] *n.* 배
avion(avioane) [아비언(아비오아네)] *n.* 비행기
mașină(i) închiriată(e) *f.* 렌터카
[마시너 은끼리아떠]
stradă(străzi) [스뜨라더(스뜨러지)] *f.* 도로, 길
autostradă(autostrăzi) *f.* 고속도로
[아우또스뜨라더(아우또스뜨러지)]
intersecție(i) [인떼르섹찌에] *f.* 삼/사거리

ghișeu(e) *n.* 매표소
(o) călătorie(i) [오 껄러또리에] *f.* 한 회 탑승
bilet(-e) [빌레뜨] *n.* 표
semafor(foare) [쎄마포르(포아레)] *n.* 신호등
trotuar(-e) [뜨로뚜아르] *n.* 인도
intrare(intrări) [인뜨라레(인뜨러리)] *f.* 입구
ieșire(i) [예시레] *f.* 출구
parcare(ări) [빠르까레] *f.* 주차장
loc(-uri) [록] *n.* 좌석, 자리, 장소
card(-uri) de transport *f.* 교통카드
[까르드 데 뜨란스뽀르뜨]
stație(i) de autobuz *f.* 버스정류장
[스따찌아 데 아우또부즈]
stație(i) de metrou *f.* 지하철역
[스따찌아 데 메뜨로우]
gară(gări) [가러(거리)] *f.* 기차역
trecere(i) de pietoni *f.* 횡단보도
[뜨레체레 데 삐에토니]

● 동사

a lua(불규칙) [아 루아] … 을/를 타다
(iau, iei, ia, luăm, luați, iau)

a coborî din [아 꼬보르 딘] … 에서 내리다
(ø)
a aștepta [아 아쉬텝따] … 을/를 기다리다
(ø)
a transfera [아 뜨란스페라] 갈아타다
(ø)

a traversa strada 길을 건너다
(ez)
[아 뜨라베르사 스뜨라다]
a pierde … 을/를 놓치다, (길을) 잃어버리다
(ø)
[아 삐에르데]
a valida [아 발리다] (카드 등)을/를 대다
(ez)

방향 Direcţii

est [에스뜨] 동쪽
vest [베스뜨] 서쪽
sud [쑤드] 남쪽
nord [노르드] 북쪽
deasupra [데아수쁘라] 위에
dedesupt [데데숩뜨] 밑, 아래에
lângă [른거] 옆에, 근처에
între [은뜨레] 사이에

înăuntru [으너운뜨루] 안에
afară [아파러] 밖에
la dreapta [라 드레압따] 오른쪽에
la stânga [라 스뜬가] 왼쪽에
în faţă [은 빠쩌] 앞에
în spate [은 스빠떼] 뒤에
aici [아이치] 여기
acolo [아꼴로] 저기

장소 및 기관 Locaţii şi instituţii

muzeu(muzee) [무제우(무제에)] f. 박물관
Teatrul Naţional [떼아뜨룰 나찌오날] 국립 극장
Palatul Parlamentului 국회의사당
[빨라뚤 빠를라멘뚤루이]
parc(-uri) [빠르끄] n. 공원
grădină(i) [그러디너] f. 정원
grădină(i) zoologică(e) f. 동물원
[그러디너 조올로지꺼]
grădină(i) botanică(e) f. 식물원
[그러디너 보따니꺼]
piscină(e) [삐스치너] f. 수영장
ambasadă(e) [암바싸더] f. 대사관
primărie(i) [쁘리머리에] f. 시청
cinematograf(-e) [치네마또그라프] n. 영화관
piaţă(e) [삐아쩌] f. 시장
magazin(-e) [마가진] n. 가게

restaurant(-e) [레스따우란뜨] n. 식당
poştă(e) [뽀쉬떠] f. 우체국
parcare(parcări) [빠르까레(빠르꺼리)] f. 주차장
aeroport(-uri) [아에로뽀르뜨] n. 공항
hotel(-uri) [호뗄] n. 호텔
pensiune(i) [뻰시우네] f. 펜션
cămin(-e) [꺼민] n. 기숙사
spital(-e) [스삐딸] n. 병원
şcoală(şcoli) [쉬꼴러(쉬꼴리)] f. 학교
clasă(e) [끌라써] f. 교실
bibliotecă(i) [비블리오떼꺼] f. 도서관
universitate(tăţi) [우니베르시따떼(떠찌)] f. 대학교
firmă(e) [피르머] f. 회사
cafenea(cafenele) [까페네아(까페넬레)] f. 커피숍
toaletă(e) [또알레떠] f. 화장실

문법

A 부정관사

부정관사는 명사 앞에 위치하여 해당 명사가 '정해지지 않은 어떤, 불특정한' 것임을 나타냅니다. 명사의 성과 수에 따라 형태가 달라지며, 복수 명사 앞에는 성에 상관 없이 niște를 사용합니다.

	단수	복수
여성	o	niște
남성	un	

- o fată (어떤) 여자
- o fustă (어떤) 치마
- niște fete (어떤) 여자들
- niște fuste (어떤) 치마들
- un băiat (어떤) 남자
- un câine (어떤) 개
- niște băieți (어떤) 남자들
- niște câini (어떤) 개들

잠깐 앞서 숫자에서 배웠던 un, o(하나의)와 다른 단어입니다.

B 정관사

정관사는 해당 명사가 말하는 사람과 듣는 사람이 모두 알고 있는 경우와 같이 '정해진, 특정한' 명사임을 나타낼 때 쓰는데, 루마니아어 정관사는 영어와 달리 명사 끝에 한 단어처럼 붙여서 씁니다. 부정관사와 마찬가지로 명사의 성과 수에 따라 형태가 달라집니다.

● 남성 정관사

단수		복수	
-ul (명사 끝에 ul을 붙임)		-i (명사의 복수형에 i를 붙임)	
băiat 남자	→ băiatul (그) 남자	băieți 남자들	→ băieții (그) 남자들
om 사람	→ omul (그) 사람	oameni 사람들	→ oamenii (그) 사람들
câine 개	→ câinele* (그) 개	câini 개들	→ câinii (그) 개들

● 여성 정관사

단수		복수	
-a (명사 끝의 ă를 a로 바꿈)		-le (명사의 복수형에 le를 붙임)	
fată 여자	→ fata (그) 여자	fete 여자들	→ fetele (그) 여자들
fustă 치마	→ fusta (그) 치마	fuste 치마들	→ fustele (그) 치마들
bancnotă 지폐	→ bancnota (그) 지폐	bancnote 지폐들	→ bancnotele (그) 지폐들

중성 명사의 경우, 단수는 남성, 복수는 여성 취급하여 정관사를 붙입니다.

잠깐 위 câinele와 같이 규칙을 따르지 않는 경우도 있습니다.

C 의무/필요 (trebuie să … : ~아/어야 하다)

'의무'나 '필요'의 의미를 나타낼 때는 'trebuie + să + 동사(현재형)' 형태를 사용합니다. 참고로, trebuie는 a trebui 동사의 3인칭 형태이며 1, 2인칭 변화형이 존재하지 않습니다. 따라서 인칭에 영향을 받지 않고 그 형태를 유지합니다. să는 양쪽 단어를 연결시켜주는 역할을 합니다. să 뒤에 오는 동사는 인칭에 따라 형태 변화를 하는데, 현재시제에서는 3인칭과 6인칭 형태에 추가적인 변화가 생깁니다. (El merge → El trebuie să meargă)

a merge (가다) 동사를 사용하여 위 표현을 연습해 봅시다.

- (Eu) Trebuie să merg acasă. (나는) 집에 가야 해요.
- (Tu) Trebuie să mergi la şcoală. (당신은) 학교에 가야 해요.
- (El/Ea) Trebuie să meargă la muncă. (그/그녀는) 회사에 가야 해요.
- (Ei/Ele) Trebuie să meargă pe jos. (그들/그녀들은) 걸어서 가야 해요.

'~하지 않아도 된다'라는 부정형은 trebuie 앞에 nu를 넣어서 표현합니다.

- Nu trebuie să merg la şcoală astăzi. (나는) 오늘 학교에 안 가도 돼요.

D 가능/허락 (pot să … : ~(으)ㄹ 수 있다)

'가능'이나 '허락'의 의미를 나타낼 때는 a putea(ø) 동사를 써서 'a putea + să + 동사(현재형)'로 나타냅니다. a putea 동사는 시제 및 인칭에 따라 형태가 변화하며, 부정형은 앞에 nu를 붙입니다.

● a putea(ø) 동사의 현재형 인칭 변화

eu	tu	el/ea	noi	voi	ei/ele
pot	poţi	poate	putem	puteţi	pot

a vorbi(esc) (말하다) 동사를 사용하여 위 표현을 연습해 봅시다.

- (Noi) Nu putem să vorbim deodată. (우리는) 동시에 말할 수 없어요. (말하면 안 돼요)
- (Voi) Puteţi să vorbiţi mai rar? (당신들은) 천천히 말해주실 수 있나요?
- (El/Ea) Poate să vorbească aici. (그/그녀는) 여기에서 말할 수 있어요. (말해도 돼요)

단어 (la) muncă 회사(에)   muncă(i) *f.* 일, 일터   pe jos 걸어서   deodată 같은 시간/순간에   mai rar 더 천천히

대화와 이야기

Jihu	Marina, am o întrebare.
	마리나, 암 오 은뜨레바레.
Marina	Sigur, ce este?
	씨구르, 체 예스떼?
Jihu	Astăzi trebuie să merg în Parcul Cișmigiu.
	아스떠지 뜨레부예 써 메르그 은 빠르꿀 치쉬미지우.
	Cum pot să ajung acolo?
	꿈 포뜨 써 아중그 아꼴로?
Marina	Iei autobuzul numărul 123, și trebuie să mergi cinci stații.
	예이 아우또부줄 누머룰 오수떠도워제치시뜨레이 시 뜨레부예 써 메르지 친치 스따찌이.
	Acolo este o bibliotecă înaltă.
	아꼴로 예스떼 오 비블리오떼꺼 은알떠.
	Parcul Cișmigiu este lângă bibliotecă.
	빠르꿀 치쉬미지우 예스떼 른거 비블리오떼꺼.

해석

지후: 마리나, 나 질문이 하나 있어.
마리나: 응, 뭔데?
지후: 오늘 치쉬미지우 공원에 가야 해. 어떻게 갈 수 있어?
마리나: 123번 버스를 타고 다섯 정류장 가야 해. 거기에 높은 도서관이 있어. 치쉬미지우 공원은 그 도서관 옆에 있어.

새단어

- întrebare(bări) *f.* 질문
- (De)Sigur 네, 물론이에요
- cum 어떻게
- număr(numere) *n.* 번호
- înalt(ă/ți/te) 높은

Centrul comercial A este lângă cafenea și parcare.
첸뜨룰 꼬메르치알 아 예스떼 른거 까페네아 시 빠르까레.
Stația de autobuz este între firma K și piață.
스따찌아 데 아우또부즈 예스떼 은뜨레 피르마 카 시 삐아쩌.
Toaleta este lângă blocul V19. Și restaurantul
또알레따 예스떼 른거 블로꿀 베 노워스프레제체. 시 레스따우란뚤
este în fața pieței.
예스떼 은 빠짜 삐에쩨이.

A 백화점은 카페와 주차장 옆에 있어요. 버스 정류장은 K 회사와 시장 사이에 있어요. 화장실은 V19 아파트 옆에 있어요. 그리고 식당은 시장(의) 앞에 있어요.

România este o țară frumoasă. Poți să vizitezi
로므니아 예스떼 오 짜러 프루모아서. 뽀찌 써 비지떼지
orașe moderne sau orașe vechi. Poți să mergi
오라셰 모데르네 싸우 오라셰 벡끼. 뽀찌 써 메르지
la munte sau la mare. Poți să mănânci mâncare
라 문떼 싸우 라 마레. 뽀찌 써 머넌치 믄까레
bună și să petreci cu prietenii până dimineață.
부너 시 써 뻬뜨레치 꾸 쁘리에떼니이 쁘너 디미네아쩌.
În concluzie, România are multe locuri frumoase.
은 꼰끌루지예, 로므니아 아레 물떼 로꾸리 프루모아세.

루마니아는 아름다운 나라예요. 현대적 도시나 오래된 도시를 구경할 수 있어요. 산이나 바다에도 갈 수 있어요. 맛있는 음식을 먹고 밤새도록 친구들과 놀 수 있어요. 한 마디로, 루마니아는 예쁜 곳이 많아요.

새단어

- centru comercial(centre comerciale) *n.* 백화점
- bloc(-uri) *n.* 아파트
- pieței 시장의 (15과 소유표현 참고)
- țară(țări) *f.* 나라
- a vizita(ez) 구경하다
- oraș(-e) *n.* 도시
- modern(-ă,i,e) 현대적인
- sau (이)나, 또는
- vechi(e,i) 오래된
- a petrece(ø) 놀다. 시간을 보내다
- până ~까지
- dimineață(neți) *f.* 아침
- în concluzie 결과적으로, 한 마디로
- multe (+ 여성 명사) / mulți (+ 남성 명사) 많이, 많은

연습문제

1. 그림 속 상황이나 동작을 루마니아어로 쓰세요.

| 보기 |

a lua metroul

(1)

(2)

(3)

(4)

(5)

(6)

(7)

2. 다음 명사에 부정관사와 정관사를 넣으세요.

| 보기 | fustă 치마   ▶   o fustă   fusta

(1) om 인간 ▶ _____ _____

(2) munți 산들 ▶ _____ _____

(3) câine 개 ▶ _____ _____

(4) pisică 고양이 ▶ _____ _____

(5) copac 나무 ▶ _____ _____

(6) vacă 암소 ▶ _____ _____

단어   pisică(i) f. 고양이   vacă(i) f. 암소

3. 다음 문장을 해석하세요.

   (1) Astăzi trebuie să merg la cafenea cu prietenii.

   ▶ _____

   (2) Merg la firmă în weekend.

   ▶ _____

   (3) În weekend, mulți oameni merg la cinema .

   ▶ _____

   (4) Mama cumpără legume și fructe de la piață .

   ▶ _____

   (5) Prietenul poate să meargă la ambasadă singur.

   ▶ _____

4. 대화를 듣고 질문에 답하세요.   MP3 05-3

   (1) 대화 속 남자는 어떤 문제가 있나요?

   ▶ _____

   (2) 대화가 이루어지는 장소는 어디인가요?

   ▶ _____

단어 cu ~와 같이, 함께   (în) weekend(-uri) *n.* 주말(에)   a cumpăra(ø) 사다   legumă(e) *f.* 야채   fruct(-e) *n.* 과일   de la ~에서
a face(ø) 만들다   singur 혼자   de aici 여기서

Capitolul 5   59

루마니아의 대중교통

루마니아 대중교통은 한국과 비교되는 것이 사실입니다.

한 도시에서 다른 도시로 이동할 때 보통 기차나 (주로 작은 크기의) 버스로 이동을 하는데 한국처럼 고속도로가 발달되지 않아서 시간이 오래 걸리는 단점이 있습니다. 반면 국도를 이용하기 때문에 여유를 갖고 이동한다면 자연을 감상할 수 있다는 장점도 있습니다.

도시 내에서는 주로 버스와 전차를 이용합니다.
전차는 한국에는 없는 것이니, 루마니아를 방문하게 된다면 꼭 한번 타보시기를 추천합니다.

버스는 점차 현대화되고 있긴 하지만 아직 느리고 불편한 점이 있습니다. 특히 한국처럼 버스 애플리케이션이 발달돼 있지 않아 길을 찾는데 어려움을 겪을 수도 있으니 시내 약속 등에는 여유를 두고 출발하는 것이 좋습니다.

버스나 전차 모두 비용은 종이로 된 표를 구매하거나 전자 카드로 지불합니다. 종이표나 카드 모두 1회용과 정기권이 있습니다. 정기권은 루마니아어로 abonament 아보나멘뜨라고 하며 이를 이용하는 것이 대부분 더 저렴하고 편리합니다.

지하철은 2018년 기준, 수도 부쿠레쉬띠에서만 운영되고 있으며, 4개의 노선이 있습니다. 한국처럼 버스와 지하철 간 환승 할인이 적용되지 않으니, 지하철과 버스를 둘 다 이용해야 한다면 각각의 표를 모두 준비해야 합니다.

마지막으로 택시는 빠르고 편리할 뿐 아니라 요금이 한국에 비해 약 1/2 ~ 1/3 정도 쌉니다.
어떤 교통수단을 이용하든, 미리 정보를 정확하게 알고 이용한다면, 더욱 수월한 여행을 즐기실 수 있을 것입니다.

Capitolul
6

Știi să gătești? Vreau să învăț.

요리할 줄 알아요? 배우고 싶어요.

주요 문법

- 능력
- 바람
- 부사
- 지시형용사(단수형)

어휘 및 표현

취미 Pasiuni  MP3 **06-1**

* 괄호 안은 동사 형태

	여행 călătorie (a călători) (esc)		음악 감상 ascultatul muzicii (a asculta muzică) (ø)
	낚시 pescuit (a pescui) (esc)		영화 감상 vizionatul filmelor (a viziona filme) (ez)
	운동 sport (a face sport) (ø)		그림 그리기 desenatul (a desena) (ez)
	독서 citit (a citi) (esc)		사진 찍기 fotografiatul (a face poze) (ø)
	요리 gătit (a găti) (esc)		노래하기 cântatul (a cânta) (ø)
	춤 dans (a dansa) (ez)		컴퓨터게임 하기 jucatul pe calculator (a se juca pe calculator) (ø)
	쇼핑 cumpărături (a face cumpărături) (ø)		산책하기 plimbatul (a se plimba) (ø)
	우표 수집 colecționatul de timbre (a colecționa timbre) (ez)		뜨개질하기 împletitul (a împleti) (esc)

동물, 식물 Animale, Plante

문법

A 능력(știu să ... : ~(으)ㄹ 줄 알다)

'~할 줄 알다'라는 '능력'의 의미를 나타낼 때는 'a şti(ø) 동사 + să + 동사(현재형)' 형태를 사용합니다. a şti 동사는 시제 및 인칭에 따라 형태가 변합니다. 부정형은 a şti(ø) 동사 앞에 nu를 붙입니다.

● a şti(ø) 동사의 현재형 인칭 변화

eu	tu	el/ea	noi	voi	ei/ele
ştiu	ştii	ştie	ştim	ştiţi	ştiu

a găti (요리하다) 동사를 사용하여 위 표현을 연습해 봅시다.

(Eu) Ştiu să gătesc sarmale. (나는) sarmale를 요리할 줄 알아요.
(Tu) Ştii să găteşti ciorbă. (당신은) ciorbă를 요리할 줄 알아요.
(El/Ea) Ştie să gătească mâncare românească. (그/그녀는) 루마니아 음식을 요리할 줄 알아요.
(Noi) Ştim să gătim supă. (우리는) 수프를 요리할 줄 알아요.
(Voi) Ştiţi să gătiţi tocăniţă. (당신들은) tocăniţă를 요리할 줄 알아요.
(Ei/Ele) Ştiu să gătească gogoşi. (그들/그녀들은) 도넛을 요리할 줄 알아요.
Nu ştiu să gătească mâncare românească. (그들/그녀들은) 루마니아 음식을 요리할 줄 몰라요.

B 바람(vreau să ... : ~(으)ㄹ 원하다, 하고 싶다)

'희망'이나 '바람'의 의미는 'a vrea(ø) + să + 동사(현재형)' 형태를 사용하여 나타냅니다. a vrea 동사는 시제 및 인칭에 따라 형태가 변합니다. 부정형은 a vrea 동사 앞에 nu를 붙입니다.

● a vrea(ø) 동사의 현재형 인칭 변화

eu	tu	el/ea	noi	voi	ei/ele
vreau	vrei	vrea	vrem	vreţi	vor

단어 sarmale *f.* 사르말레   ciorbă(e) *f.* 치오르버   mâncare(mâncăruri) *f.* 음식   românesc(ească, eşti) 루마니아의   supă(e) *f.* 수프
tocăniţă(e) *f.* 찌개   gogoaşă(gogoşi) *f.* 도넛

a călători (여행하다) 동사를 사용하여 위 표현을 연습해 봅시다.

(Eu) **Vreau să** călătoresc. (나는) 여행하고 싶어요.
(Tu) **Vrei să** călătorești? (당신은) 여행하고 싶어요?
(El/Ea) **Vrea să** călătorească în Coreea. (그/그녀는) 한국으로 여행가고 싶어 해요.
(Noi) **Nu vrem să** călătorim în România. (우리는) 루마니아로 여행하고 싶지 않아요.
(Voi) **Vreți să** călătoriți în Franța? (당신들은) 프랑스로 여행하고 싶으신가요?
(Ei/Ele) **Vor să** călătorească în Elveția. (그들/그녀들은) 스위스로 여행하고 싶어 해요.

C 부사

부사는 동사나 형용사를 꾸며주는 말로, 또 다른 부사나 문장 전체를 수식하기도 합니다. 형용사는 수식하는 명사의 성과 수에 따라 형태가 변하지만, 부사는 형태의 변화가 없습니다.

Trenul merge **rapid**. 그 기차가 빠르게 가요.   Trenurile merg **rapid**. 그 기차들이 빠르게 가요.
El mănâncă **frumos**. 그는 깔끔하게 먹어요.   Ea mănâncă **frumos**. 그녀는 깔끔하게 먹어요.

D 지시형용사 – 단수형

지시형용사는 명사를 가리키며 수식하는 말입니다. 가리키는 명사와의 거리에 따라 '이', '저' 2가지 형태가 있으며, 가리키는 명사의 성과 수에 따라 형태가 달라집니다. 이번 과에서는 단수형을 먼저 살펴보겠습니다.

	남성	여성
이	acest	această
저, 그	acel	acea

Acest băiat studiază bine. 이 남자 아이는 공부를 잘해요.
Această geantă este mare. 이 가방은 커요.
Acea fustă este scurtă? 저 치마는 짧나요?
Acel bărbat este înalt. 저 남자는 키가 커요.

단어 România 루마니아   Franța 프랑스   Elveția 스위스   băiat(băieți) *m.* 남자 아이   bărbat(bărbați) *m.* 남자   înalt(ă/i/e) 높은, 키가 큰   scurt(ă/i/e) 짧은, 키가 작은

대화와 이야기

Jihu	Marina, știi să gătești?
Marina	Da, eu știu să gătesc mâncare românească și puțin mâncare coreeană.
Jihu	Serios? Atunci știi să faci această mâncare?
Marina	Bineînțeles. Această mâncare este populară în România.
Jihu	Aa, ok! Vreau să mănânc această mâncare.

해석

지후: 마리냐. 너 요리할 줄 알아?
마리나: 응. 난 루마니아 음식이랑 한국 음식 조금 만들 줄 알아.
지후: 정말? 그럼 이 음식 만들 줄 알아?
마리나: 물론이지. 이 음식은 루마니아에서 유명해.
지후: 그렇구나! 나 이 음식 먹고 싶어.

새단어

- puțin(ă/i/e) 조금의
- bineînțeles 당연하지, 물론이지
- popular(ă/i/e) 유명한

Eu știu să gătesc. Știu să gătesc și mâncare românească, și puțin mâncare coreeană. Eu mănânc bine mâncărurile coreene samgyeopsal și kimbap. Știu să gătesc samgyeopsal, dar nu știu să gătesc kimbap. Vreau să învăț să gătesc kimbap.

저는 요리를 할 줄 알아요. 저는 루마니아 음식도 할 줄 알고, 한국 음식도 조금 할 줄 알아요. 저는 한국 음식 삼겹살과 김밥을 잘 먹어요. 저는 삼겹살은 요리할 줄 알지만, 김밥은 할 줄 몰라요. 저는 김밥 만드는 것을 배우고 싶어요.

Eu știu să cânt. De aceea, ascult muzică des. Vreau să cânt bine în viitor. Astăzi ascult un cântec bun. Vreau să cânt acest cântec.

저는 노래를 할 줄 알아요. 그래서 자주 음악을 들어요. 먼 훗날 노래를 잘 하고 싶어요. 오늘은 (한) 좋은 노래를 들어요. 이 노래를 부르고 싶어요.

새단어

- a învăța(ø) 배우다
- a cânta(ø) 노래하다
- muzică(i) *f.* 음악
- des 자주
- viitor 미래에
- pix(-uri) *n.* 볼펜
- cântec(-e) *n.* 노래
- tată(tați) *m.* 아버지, 아빠

Capitolul 6

연습문제

1. 다음 그림에 알맞은 단어를 쓰세요.

   (1)　　　　　　(2) 　　　(3) 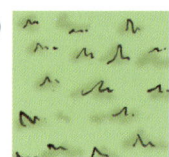　　　(4)

   _____　_____　_____　_____

   (5) 　(6) 　(7) 　(8)

   _____　_____　_____　_____

2. 주어진 의미에 맞게 빈칸에 알맞은 단어를 쓰세요.

   (1) Vreau _____ pixuri.

   (나는) 저 펜들을 원해.

   (2) Trebuie să (ne) mișcăm mai _____!

   (우리는) 더 빨리 움직여야 해!

   (3) _____ să mănânci mai frumos?

   (너는) 더 예쁘게 먹을 줄 알지?

   (4) Miști _____ mobilă.

   (너는) 이 가구를 움직인다.

   (5) Tata vine _____.

   아버지는 천천히 오셔.

단어　a mișca(ø) 움직이다(mișc, miști, mișcă, mișcăm, mișcați, mișcă)　mobilă(e) *f.* 가구
　　　　a veni(불규칙) 오다(vin, vii, vine, venim, veniți, vin)　încet 천천히

3. 그림을 보고 다음 표현을 사용하여 말하세요.

> | 보기 | Știu să … …(으)ㄹ 줄 알아요 / Vreau să … 나는 …(을/를) 하고 싶어요

(1)

(2)

(3)

(4)

4. 대화를 듣고 질문에 답하세요.   MP3 **06-3**

(1) 마리나의 할머니가 키우는 동물이 아닌 것을 고르세요.

①  ②  ③  ④

(2) 마리나의 할머니네 정원에 있는 꽃을 모두 고르세요.

①  ②  ③  ④

단어   forsiția(i) *f.* 개나리   floarea-soarelui (florile-soarelui) *f.* 해바라기

Capitolul 6   69

루마니아 사람들의 취미와 여가 활동

루마니아 사람들은 여가 시간에 어떤 활동들을 할까요? 루마니아 사람들의 대표적인 여가 활동 및 취미 생활을 살펴보겠습니다.

루마니아는 2016년 유럽 인터넷 속도 1위를 기록할 만큼 인터넷이 발달하였습니다. 그래서인지 SNS나 컴퓨터 게임 등을 하는 사람들이 많습니다. 루마니아 사람들은 또한 독서와 스포츠(특히 축구)도 즐겨 합니다. 에어로빅을 하거나 헬스장에서 운동을 하기도 하지만 직접 축구를 하는 것은 물론, 좋아하는 팀을 응원하며 관람하는 것도 매우 좋아합니다.

쇼핑도 많이 즐깁니다. 가전 용품, 옷, 신발 등은 물론이고 식료품까지 쇼핑에 많은 시간을 소비합니다. 루마니아 사람들은 외식보다는 집에서 요리를 더 자주 해 먹습니다. 때문에 '요리하기' 또한 빼놓을 수 없는 여가 및 취미 활동이 될 수 있습니다.

다음으로, 친구들과 먹고 마시고 노는 것을 들 수 있겠습니다. 루마니아 사람들은 파티를 사랑하기 때문에 기회가 있을 때마다 파티를 합니다. 종종 서로의 집에서 파티를 열어 맥주를 마시고 바비큐를 먹거나 mici **미치**(잘게 썬 고기로 만든 소시지류의 음식)를 즐깁니다.

오래된 물건을 수집하는 사람들도 많습니다. 그들은 시계, 글귀, 책 또는 잡지, 우표와 같이 좋아하는 물건들을 모으는 것에 많은 시간과 돈을 쓰곤 합니다.

TV를 보거나 'şah'나 'remi' 같은 보드게임 p.104 참고도 많이 합니다. 때문에, 공원 등에서 보드게임을 하기 위해 모여있는 사람들의 모습도 볼 수 있습니다.

루마니아인들의 한국에 대한 관심은 매년 커지고 있습니다. 어린 학생부터 50-60대 이상 중장년층까지 온라인에서 작은 커뮤니티를 만들어 한국 문화에 대한 글을 공유하고, 한국 드라마를 루마니아어로 번역하고 의견을 나누기도 합니다. 더 나아가, 온·오프라인을 통해 한국어를 공부하기도 합니다.

Capitolul

7

Ce vrei să mănânci?

뭘 먹고 싶어요?

주요 문법
- 서수
- 문장 연결하기
- 지시형용사(복수형)

어휘 및 표현

야채, 과일 Legume și fructe 🎧 MP3 07-1

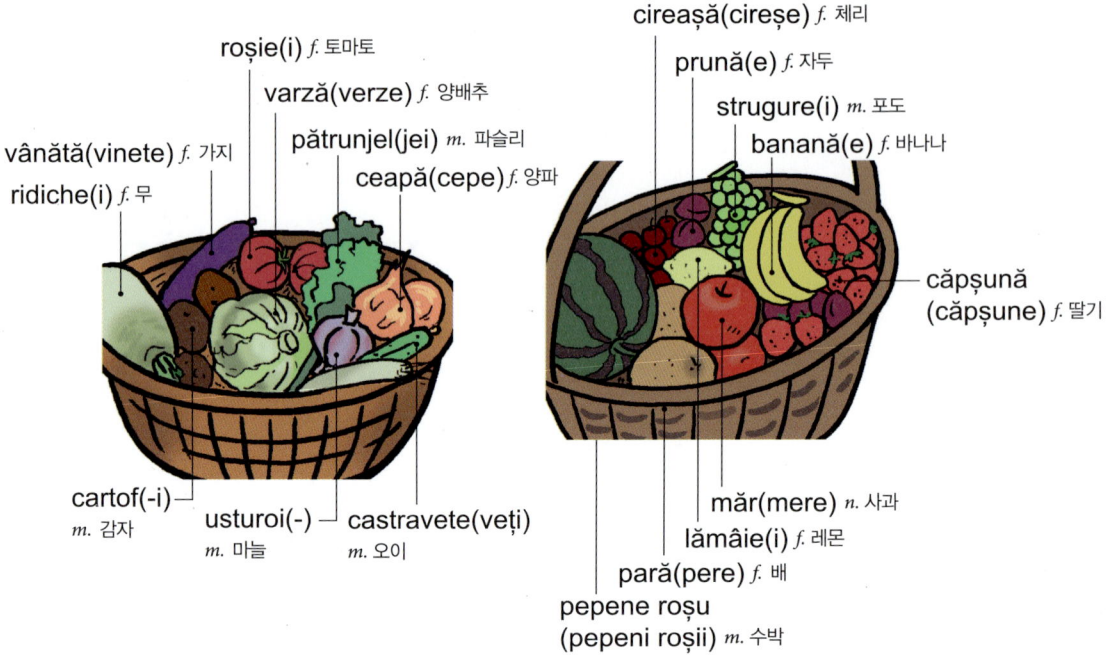

- vânătă(vinete) *f.* 가지
- ridiche(i) *f.* 무
- roșie(i) *f.* 토마토
- varză(verze) *f.* 양배추
- pătrunjel(jei) *m.* 파슬리
- ceapă(cepe) *f.* 양파
- cartof(-i) *m.* 감자
- usturoi(-) *m.* 마늘
- castravete(veți) *m.* 오이
- cireașă(cireșe) *f.* 체리
- prună(e) *f.* 자두
- strugure(i) *m.* 포도
- banană(e) *f.* 바나나
- căpșună(căpșune) *f.* 딸기
- măr(mere) *n.* 사과
- lămâie(i) *f.* 레몬
- pară(pere) *f.* 배
- pepene roșu (pepeni roșii) *m.* 수박

식료품, 양념 Produse alimentare și condimente

- carne(cărnuri) *f.* 고기
- maioneză(e) *f.* 마요네즈
- lapte(lăpturi) *n.* 우유
- ou(ă) *f.* 계란
- făină(făinuri) *f.* 밀가루
- bere(i) *f.* 맥주
- alcool(-uri) *n.* 술
- apă(e) *f.* 물
- ulei(-uri) *n.* 기름
- orez(-uri) *n.* 쌀
- brânză(brânzeturi) *f.* 치즈
- piper negru *m.* 후추
- unt(-uri) *n.* 버터
- pâine(i) *f.* 빵
- zahăr(-uri) *n.* 설탕
- sare *f.* 소금
- sos(-uri) de roșii *n.* 토마토 소스
- ceai(-uri) *n.* 차

맛, 요리 Gusturi și verbe folosite la gătit

sărat
짠

picant
매운

amar
쓴

delicios
맛있는

a spăla (ø)
씻다

a fierbe (ø)
끓이다

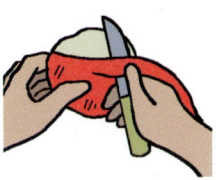
a curăța de coajă
껍질을 벗기다, 깎다 (ø)

a arde (ø)
타다, 태우다

a tăia (ø)
썰다

a toca (ø)
다지다

a frământa (ø)
반죽하다

a amesteca (ø)
섞다

Capitolul 7

문법

A 서수

서수는 '첫 번째'를 제외하고 기수에 일정한 구조를 더하여 나타냅니다. 이때 뒤에 오는 명사의 성에 따라 형태가 달라지는데, 서수 뒤에 오는 명사가 남성이면 'al + 숫자 + -lea', 여성이면 'a + 숫자 + -a' 형태로 씁니다. 단, 여성형의 경우 발음 편의상 형태 변화가 일어나기도 합니다.
(a douăa 두 번째 → a doua)

	남성	여성		남성	여성
첫 번째(의)	primul	prima	열 한 번째(의)	al unsprezecelea	a unsprezecea
두 번째(의)	al doilea	a doua	이십 번째(의)	al douăzecilea	a douăzecea
세 번째(의)	al treilea	a treia	삼십 번째(의)	al treizecilea	a treizecea
네 번째(의)	al patrulea	a patra	사십 번째(의)	al patruzecilea	a patruzecea
다섯 번째(의)	al cincilea	a cincea	오십 번째(의)	al cincizecilea	a cincizecea
여섯 번째(의)	al șaselea	a șasea	육십 번째(의)	al șaizecilea	a șaizecea
일곱 번째(의)	al șaptelea	a șaptea	칠십 번째(의)	al șaptezecilea	a șaptezecea
여덟 번째(의)	al optulea	a opta	팔십 번째(의)	al optzecilea	a optzecea
아홉 번째(의)	al nouălea	a noua	구십 번째(의)	al nouăzecilea	a nouăzecea
열 번째(의)	al zecelea	a zecea	백 번째(의)	al o sutălea	a o suta

B 문장 연결하기: (mai întâi, apoi, … = 먼저, 그리고 나서, …)

여러 개의 문장을 나열할 때, 동작이 일어나는 순서, 원인과 결과 등을 분명히 하기 위해 문장과 문장 사이에 다음과 같은 연결어들을 사용할 수 있습니다.

처음 부분	중간 부분	끝 부분

· mai întâi 먼저
· în primul rând/
   pentru început 첫 번째로
· în al doilea rând 두 번째로
· pe de o parte 한편으로는
· pe de altă parte 다른 한편으로는
	· apoi 그리고 나서
	· din acest motiv 이런 이유로
	· pentru că (deoarece) 왜냐하면
	· de asemenea 또한
	· de exemplu 예를 들어
		· la sfârșit 마지막으로
		· în concluzie
		   (în consecință) 결국
		· prin urmare (așadar) 따라서
		· de aceea 그렇기 때문에

Mai întâi, spălăm cartofii. **Apoi**, curățăm coaja. **La sfârșit**, îi fierbem.
먼저, 감자들을 씻어요. 그리고 나서 껍질을 벗겨요. 마지막으로, 그것들을 끓여요.

Florin merge des la piscină. **Prin urmare**, arată foarte bine.
플로린은 수영장에 자주 가요. 그렇기 때문에 아주 좋아 보여요.(몸이 좋아요)

În primul rând, am multe teme. **În al doilea rând**, este deja prea târziu astăzi.
De aceea, nu pot să ies cu tine.
일단, 난 숙제가 많아. 두 번째로, 오늘은 이미 너무 늦었어. 그러니까, 너랑 나갈 수 없어.

C 지시형용사 – 복수형

앞 과에 이어, 이번에는 지시형용사의 복수형에 대해 살펴보겠습니다. 복수형도 단수형과 마찬가지로 수식하는 명사의 성에 따라 형태가 달라집니다.

	남성	여성
이	acești	aceste
저, 그	acei	acele

Acești băieți merg acolo. 이 남자들은 저기로 가요.
Aceste studente sunt harnice. 이 여학생들은 부지런해요.
Mai întâi, hai să vedem **acești** porci! 먼저, 이 돼지들을 보자!
Acei iepuri sunt foarte drăguți. 저 토끼들은 아주 귀여워요.
Acele cărți sunt scumpe? 저 책들은 비싼가요?
În sfârșit, **acele** pisici vin aici! 마침내, 저 고양이들이 여기로 와요!

 îi 그것들(목적격 대명사, 11과 참고)   des 자주   piscină(e) *f.* 수영장   a arăta(ø) ~하게 보이다   harnic(ă/i/e) 열심인, 부지런한
drăguț(ă/i/e) 귀여운   scump(ă/i/e) 값이 비싼

대화와 이야기

Ospătar	Bună ziua. Ce vreți să mâncați?
Marina	O clipă, vă rog. Jihu, tu ce vrei să mănânci?
Jihu	Vreau să mănânc mâncarea din a doua poză.
Marina	Bine. Aceea este ciorbă de porc. Eu vreau să mănânc sarmale cu mămăligă. (către ospătar) O ciorbă de porc și o porție de sarmale cu mămăligă, vă rog.
Ospătar	Vreți băuturi sau desert?
Marina	Da, vrem și aceste prăjituri.

해석

웨이터: 안녕하세요? (당신들은) 뭘 드시고 싶으세요?
마리나: 잠시만요. 지후야, 너는 뭐 먹고 싶어?
지후: 나는 두 번째 사진의 음식을 먹고 싶어.
마리나: 그래. 저건 돼지 고기 치오르버야. 나는 사르말레와 머멀리거를 먹고 싶어.
(웨이터에게) 돼지 고기 치오르버 하나랑 사르말레와 머멀리거 1인분 주세요.
웨이터: 음료나 디저트도 원하세요?
마리나: 네, 이 케이크들도 원해요(주세요).

새단어

- ospătar(-i) *m.* 종업원/웨이터
- o clipă 잠시
- poză(e) *f.* 사진
- ciorbă(e) de porc *f.* 돼지고기 치오르버
- mămăligă(i) *f.* 머멀리거
- (o) porție(i) *f.* (1)인분
- vă rog 부탁드립니다
- a ruga(ø) 부탁하다
- băutură(i) *f.* 음료
- desert(-uri) *n.* 디저트
- prăjitură(uri) *f.* 케이크

Tocănița de cartofi este mâncare românească. Rețeta este foarte simplă.

În primul rând, cumpărăm cartofi, ceapă, morcovi și ardei grași. În al doilea rând, spălăm și tăiem legumele în bucăți mici. După aceea, adăugăm sare și piper, și fierbem tot. La sfârșit, verificăm gustul și oprim focul atunci când este potrivit.

감자찌개는 루마니아 음식이에요. 요리법은 아주 간단해요.
첫 번째로(먼저), 감자, 양파, 당근, 그리고 파프리카를 사요. 두 번째로, 야채를 씻어서 작은 조각으로 잘라요. 그 다음에는, 소금과 후추를 넣고 다같이 끓여요. 마지막으로, 맛을 확인하고, 알맞게 요리가 되었을 때 (가스)불을 꺼요.

Eu vreau să călătoresc în trei țări. Prima țară este Austria, a doua țară este Cehia și a treia țară este Rusia. Citesc multe cărți și privesc multe filme despre aceste țări.

저는 3개 나라를 여행하고 싶어요.
첫 번째 나라는 오스트리아, 두 번째 나라는 체코, 그리고 세 번째 나라는 러시아예요. 이 나라들에 관한 책을 많이 읽고, 영화도 많이 봐요.

새단어

- tocăniță(e) de cartofi *f.* 감자찌개
- rețetă(e) *f.* 레시피
- ardei gras(și) *m.* 파프리카
- bucată(bucăți) *f.* 조각
- a adăuga(ø) 추가하다
- a verifica(ø) 확인하다
- gust(-uri) *n.* 맛
- a opri(ø) focul (가스)불을 끄다
- potrivit(ă/i/e) 적당한
- a privi(esc) 보다
- despre ~에 대한, ~에 대해

연습문제

1. 다음 그림에 맞는 단어를 쓰세요.

(1)
_____

(2)
_____

(3)
_____

(4)
_____

(5)
_____

(6)
_____

(7)
_____

(8)
_____

2. 다음 빈칸에 알맞은 서수 형태를 쓰세요.

(1) 첫 번째 여자 ▶ _____ fată

(2) 두 번째 남자 ▶ _____ bărbat

(3) 세 번째 감자 ▶ _____ cartof

(4) 네 번째 기회 ▶ _____ șansă

(5) 다섯 번째 개 ▶ _____ câine

(6) 여섯 번째 고양이 ▶ _____ pisică

(7) 일곱 번째 집 ▶ _____ casă

(8) 여덟 번째 친구 ▶ _____ prieten

(9) 아홉 번째 학교 ▶ _____ școală

(10) 열 번째 책 ▶ _____ carte

3. 그림을 보고 빈칸에 알맞은 지시형용사를 쓰세요.

(1) ▸ _____ fetiță este drăguță.
이 여자 아이는 귀여워요.

(2) ▸ _____ pisică este puțin gălăgioasă.
저 고양이는 조금 시끄러워요.

(3) ▸ _____ studenți sunt fericiți.
저 대학생들은 행복해요.

(4) ▸ _____ case sunt mari.
이 집들은 커요.

4. 이야기를 듣고 질문에 답하세요.   MP3 **07-3**

(1) 남자는 지금 어디에 있나요?

▸ _____

(2) 남자는 무엇을 사나요?

▸ _____

단어 șansă(e) *f.* 기회   fetiță(e) *f.* 여자 아이   gălăgios(gioasă, gioși, gioase) 시끄러운   fericit(ă, iți, ite) 행복한

사르말레를 만드는 방법을 배워 볼까요?

재료

- 다진 돼지/닭/소고기 1kg (살코기 500g, 비곗살 500g)
- 쌀 200g
- 기름 5큰술
- 양파 4개 다진 것
- 토마토 소스 2큰술
- 절인 양배추잎 또는 고기를 쌀 수 있는 잎❶
- 소금 적당량
- 검은 후추 적당량
- 파프리카 파우더 적당량
- 다른 양념(기호에 따라)
- 신선한 딜(Dill)이나 파슬리
- 월계수잎

사르말레

사르말레를 만들 때 제일 중요한 것은 양배추와 고기입니다. 양배추는 생 양배추보다 절인 양배추를 사용하는 것이 더 좋습니다. 고기는 대부분 돼지고기를 사용하지만 다른 고기나 여러 고기를 섞어서 사용해도 괜찮습니다. 채식을 하는 사람들은 야채와 버섯을 넣어 만들 수도 있습니다. 쌀은 취향에 따라 200g보다 더 많이 넣어도 됩니다.

만드는 방법

- 먼저, 양파를 잘게 다져서 토마토 소스와 함께 기름에 2-3분 정도 볶은 후에(너무 오래 볶지 않도록 주의) 씻은 쌀을 넣습니다.
- 재료를 싸기에 적당한 크기의 양배추잎을 골라낸 후 남은 것은 작게 자른 후에 냄비 바닥에 놓아 둡니다.❷
- 월계수잎을 제외한 모든 재료를 고기와 같이 토마토 소스와 잘 섞습니다.
- 골라둔 양배추잎을 손바닥 만한 크기로 자른 후 그 안에 재료를 넣고 둘둘 말아 쌉니다.
- 다 싼 양배추 고기롤을 냄비에 원형으로 하나씩 둘러 놓고 사이사이에 월계수잎을 넣습니다.
- 마지막으로 따뜻한 물을 넣은 뒤 오븐에 넣거나 가스레인지에서 끓입니다.
- 끓기 시작하면 잘게 썬 양배추를 흩뿌리고 뚜껑을 덮어 약한 불로 20분 정도 더 끓입니다.
  (졸기 시작하면 따뜻한 물을 중간에 조금씩 더 넣어도 됩니다.)
- 고기가 다 익으면 접시에 2~3개 정도의 사르말레를 머멀리거와 다른 음식을 곁들여 맛있게 먹습니다.

❶ 루마니아 사람들은 절인 양배추잎 또는 포도잎을 씁니다.
❷ 음식이 타지 않게 하기 위함입니다. 양배추가 부족할 경우 나뭇가지 등을 넣기도 합니다.

Capitolul

8

Ecaterina este prietena mea.

에카테리나는 내 친구예요.

주요 문법

- 의문사
- 소유 표현(1)
- 지시대명사

어휘 및 표현

가족 관계 Grade de rudenie

 MP3 08-1

* '할아버지', '할머니'는 친가와 외가의 구분이 없음
* '아빠의 남자/여자 형제'와 '엄마의 남자/여자 형제'를 부르는 호칭은 같음

familie(i)	f. 가족	rudă(-e)	f. 친척
părinte(ți)	m. 부모	bunici	m. 조부모
bebeluș(-i)	m. 아기	copil(i)	m. 아이
fiu(i)	m. 아들	fiică(fiice)	f. 딸
soție(i)	f. 아내	soț(-i)	m. 남편
frate(ți)	m. 형제	soră(surori)	f. 자매
nepot(ți)	m. 손자/조카	nepoată(e)	f. 손녀/조카 딸
tanti, doamnă(e)	f. 아줌마/~ 씨(높임말)	nenea, domnul(domnii)	m. 아저씨/~ 씨(높임말)

일생 Momente ale vieții

 naștere 출생
 botez 세례(침례)
 tăierea moțului 돌잔치
 intrare la școală 입학
 majorat 성년식

 ceremonie de absolvire a școlii 졸업식
 angajare 입사
 nuntă 결혼식
 promovare 승진
 moarte 사망

직업 및 직장 Meserii și locuri de muncă

직업(남성/여성)		직장	
profesor(-i)/profesoară(e)	교사	școală(școli)	f. 학교
polițist(ști)/polițistă(e)	경찰관	secție(i) de poliție	f. 경찰서
poștaș(-i)/poștăriță(e)	집배원	poștă(e)	f. 우체국
vânzător(-i)/vânzătoare(-)	판매원	magazin(-e)	n. 가게
șofer(-i)/șoferiță(e)	운전 기사	firmă(e) de transport	f. 운송 회사
doctor(-i)/doctoriță(e)	의사	spital(-e)	n. 병원
avocat(ți)/avocată(e)	변호사	cabinet(-e) de avocatură	n. 법률 사무소
casnic(-i)/casnică(e)	주부	casă(e)	f. 집

Capitolul 8

문법

A 의문사 (ce, cine ~ = 무엇, 누구 ~)

의문사는 주로 문장 맨 앞에 위치하며, 뒤에 '(주어) + 동사'가 옵니다. 동사의 형태만으로 주어를 파악할 수 있으므로 주어는 생략하는 게 일반적입니다.

누가	언제	어디서	무엇을	어떻게	왜	얼마나
cine	când	unde	ce	cum	de ce	cât

Când cânți? (너는) 언제 노래하니?
Unde lucrează? (그는) 어디서 일하니?
Cât costă? 얼마예요? (얼마나 값이 나가요?)
Cine dansează? 누가 춤추니?

Cum gătești? (너는) 어떻게 요리하니?
De ce mergi acolo? (너는) 왜 거기 가니?
Ce mâncați? (당신들은) 뭘 먹습니까?

B 소유 표현 (~ meu/~ tău = 나의~/너의 ~)

루마니아어에서는 소유 표현을 할 때 인칭대명사의 소유격이 아닌 '소유형용사'라는 특별한 형태의 형용사를 사용하는 게 일반적입니다. 소유형용사는 명사 뒤에 위치하며, 형용사이기 때문에 수식하는 명사의 성과 수에 따라 형태가 달라집니다. 인칭별 소유형용사는 다음과 같습니다.

	남성 단수	여성 단수	남성 복수	여성 복수
나의	meu	mea	mei	mele
너의	tău	ta	tăi	tale
그의(lui)	său	sa	săi	sale
그녀의(ei)	său	sa	săi	sale
우리의	nostru	noastră	noștri	noastre
너희의	vostru	voastră	voștri	voastre
그들의/그녀들의(lor)	lor	lor	lor	lor

*괄호 안은 소유격

*1, 2인칭(단·복수) 인칭대명사는 소유격이 존재하지 않기 때문에 소유형용사만으로 소유 표현을 하지만, 3인칭(단·복수)은 소유격이 존재하기 때문에 이를 통해서도 소유 표현을 할 수 있습니다. 인칭대명사 소유격은 형용사가 아니기 때문에 형태의 변화가 없습니다. 또한 그 편리성 때문에 실생활에서 더 자주 사용됩니다.

단어 a dansa(ez) 춤추다

소유형용사의 수식을 받는 명사에는 정관사를 붙입니다.

Fratele meu este înalt. 나의 남동생(오빠, 형)은 키가 커.
Sora ta este scundă. 너의 여동생(언니, 누나)은 키가 작아.
Frații mei sunt deștepți. 나의 남동생들은 똑똑해.
Surorile tale sunt frumoase. 너의 여동생들은 예뻐.

C 지시대명사

지시대명사는 '이것(들)', '저것(들)'에 해당하는 말로, 가리키는 명사의 성과 수에 따라 다음과 같이 형태가 변합니다.

		남성	여성
단수	이것	acesta(ăsta)	aceasta(asta)
	저것	acela(ăla)	aceea(aia)
복수	이것들	aceștia(ăștia)	acestea(astea)
	저것들	aceia(ăia)	acelea(alea)

*괄호 안은 축약형

Acesta este un iepure. 이것은 (한) 토끼예요.
Aceasta este aici. 이것은 여기 있어요.
Acela este acolo. 저것은 저기 있어요.
Aceea este lungă. 저것은 길어요.
Aceștia sunt aproape. 이것들은 가까이에 있어요.
Acestea sunt scumpe. 이것들은 비싸요.
Aceia sunt lungi. 저것들은 길어요.
Acelea sunt pisici drăguțe. 저것들은 귀여운 고양이들이에요.

단어 scund(ă/zi/de) 키가 작은   aici 여기   acolo 저기   lung(ă/i/e) 긴   aproape(변화형 없음) 가까운   scump(ă/i/e) 값이 비싼

Capitolul 8 85

대화와 이야기

Marina	(privind poza) Aceștia sunt părinții mei. Ea este mama mea, și este doctor de familie. El este tatăl meu, și este profesor universitar.
Jihu	Unde lucrează?
Marina	Mama lucrează la Spitalul "Medifarm", și tata lucrează la Universitatea "Floarea Soarelui".
Jihu	Dar ea cine este?
Marina	Ea este bunica mea. Este pensionară.
Jihu	Ce înseamnă "pensionară"?
Marina	Înseamnă că primește bani de la stat. Se numește pensie.
Jihu	Așa deci. Arătați foarte bine.

해석

마리나: (사진을 보며) 이분들은 내 부모님이야. 이분이 나의 엄마고 가족 주치의셔. 이분은 나의 아빠고 교수님이셔.
지후: (두 분이) 어디서 일하셔?
마리나: 엄마는 메디팜 병원에서 일하시고 아빠는 플로아레아 소아렐루이 대학교에서 일하셔.
지후: 그러면 이 여자분은 누구셔?
마리나: 이분은 우리 할머니셔. Pensionară시지.
지후: pensionară가 뭐야?
마리나: 정부에서 돈을 받는 사람이라는 의미야. 그 돈을 pensie라고 불러.
지후: 그렇구나. 가족이 화목해 보이네.

새단어

- doctor(-i) de familie *m.* 가족 주치의
- profesor(-i) universitar(-i) *m.* (남)교수님
- a lucra(ez) 일하다
- la 에서
- spital(-e) *n.* 병원
- universitate(tăți) *f.* 대학교
- pensionar(-i)/ă(e) (남/여)연금 수령자
- a însemna(ø) 의미하다
- a primi(esc) 받다
- de la ~로부터(에서)
- stat(-e) *n.* 정부
- pensie(i) *f.* 연금
- a arăta(ø) bine 좋게 보이다

Această fată este prietena mea. Se numește Ecaterina. Ea este studentă la medicină. (Ea) Studiază mult și este foarte deșteaptă. (Ea) Vrea să devină un doctor bun în viitor.

이 여자는 내 친구예요. 그녀의 이름은 에카테리나예요. 그녀는 의대 학생이에요. (그녀는) 공부를 많이 하고 아주 똑똑해요. (그녀는) 미래에 좋은 의사가 되고 싶어해요.

Cărțile mele preferate sunt romanele de dragoste. Și scriitoarea mea preferată este Sandra Brown. Acestea sunt cărțile ei. Cărțile ei sunt foarte interesante și romantice.

내가 제일 선호하는 책들은 로맨스 소설이에요. 그리고 제일 선호하는 작가는 산드라 브라운이에요. 이것들은 모두 그녀의 책이에요. 그녀의 책들은 아주 흥미롭고 로맨틱해요.

새단어

- a se numi(esc) ~라고 하다
- student(ți)/ă(e) la medicină (남/여)의대 학생
- a deveni(ø) ~가 되다
- în viitor 미래에, 앞으로
- preferat(ă/ți/te) 선호하는
- roman(-e) de dragoste *n.* 로맨스 소설
- scriitor(-i)/scriitoare (남/여)작가
- interesant(ă/ți/te) 흥미로운
- romantic(ă/i/e) 로맨틱한

Capitolul 8   **87**

연습문제

1. 빈칸에 알맞은 단어를 쓰세요.

(1) Gabi este _____ meu.

(2) Rozi este _____ mea.

(3) Mădălina este _____ mea.

(4) Flavius este _____ meu.

(5) Bianca este _____ mea.

2. 다음 빈칸에 알맞은 소유형용사를 쓰세요.

(1) Familia _____ este acolo. (나의 가족은 거기에 있어요.)

(2) Aceasta este mărul _____. (이것은 내 사과예요.)

(3) Acolo este sora _____. (거기에 너의 여동생이 있어.)

(4) Tatăl _____ nu mănâncă cereale. (당신의 아버지는 씨리얼을 먹지 않아요.)

(5) Părinții _____ sunt deosebiți. (당신의 부모님은 대단해요.)

단어 sau 또는   măr(mere) *n.* 사과   cereală(e) *f.* 씨리얼   deosebit(ă/ți/e) 대단한

3. 다음 빈칸에 알맞은 지시대명사를 쓰세요. (형용사의 형태로 성을 구분하세요.)

(1) _____ este scump. (저것은 비싸요.)

(2) _____ sunt scumpi. (저것들은 비싸요.)

(3) _____ este o cameră bună. (이것은 좋은 방이네요.)

(4) _____ sunt camere bune. (저것들은 좋은 방(들)이네요.)

(5) _____ sunt ieftini. (이것들은 저렴하네요.)

(6) _____ este curat. (이것은 깨끗해요.)

(7) _____ este curată. (저것은 깨끗해요.)

(8) _____ nu sunt bune. (이것들은 좋지 않아요.)

4. 이야기를 듣고 질문에 답하세요.　　　　　　　　　　　　　　🎵 MP3 08-3

(1) 제오르제의 직업은 무엇인가요?

▶ _____

(2) 마르크는 택시 기사인가요?

▶ _____

(3) 마리나의 직업은 무엇인가요?

▶ _____

단어　curat(ă/ți/te) 깨끗한　iar 그리고 (나서)

Capitolul 8　89

루마니아의 가족 문화

루마니아 사람들은 가족들을 보살피는 데 많은 노력을 기울입니다. 가까이 사는 가족은 물론, 멀리 떨어져 사는 가족들에게도 자주 전화를 걸어 그들의 안부를 챙깁니다. 루마니아의 일자리가 부족하고 임금이 낮아 해외로 나가 일하는 부모들은 멀리서 그들의 자녀를 챙기고, 교육과 일 문제로 자식이 도시로 떠나 시골에 홀로 사는 부모들은 야채, 우유, 치즈, 고기 등을 연신 도시의 자식들에게 보냅니다. 이런 모습들은 한국의 부모님들과 많이 비슷합니다. 루마니아 사람들은 적어도 하루에 한 끼는 가족과 함께 식사를 해야 한다고 생각할 정도로 가족끼리의 연대가 강합니다.

루마니아 사람과 가까워지길 원한다면, 그들의 가족에게 인사를 전하거나 안부를 묻고 가정을 방문하는 것이 좋습니다. 그리고 그 경우에는 기념품(보통 먹을 것, 루마니아인들은 새로운 것이나 먹을 것을 아주 좋아합니다.)을 선물하는 것이 좋습니다. 루마니아 사람들은 다른 집을 방문할 때 선물을 챙기는 것을 잊지 않습니다. 보통, 어머니께는 꽃, 아버지께는 마실 것, 그리고 어린이들에게는 초콜릿 등을 줍니다.

대부분의 루마니아인들은 한국인들보다 일찍(20대 초반) 결혼을 합니다. 또한 전통 혼례 절차가 다소 복잡하더라도(이른 아침부터 시작되며 중간에 교회를 가고 다음 날까지 이어진다.) 그것을 지키고자 합니다.

루마니아인들은 루마니아 정교나 카톨릭 신자들이 대부분입니다. 하지만, 종교와 상관없이 여러 가지 미신을 믿기도 합니다. 예를 들어, 길을 걷다 검은 고양이가 가던 길을 가로질러 가는 것을 본다면 그 자리에서 뒤로 세 발자국을 뒤로 갔다 다시 가야 한다는, 그렇지 않으면 운이 나쁠 것이라는 이야기를 들을 수 있습니다. 이 외에도 그 해 돈 들어갈 일이 많아지기에 새해 첫날 월요일에는 누구에게도 돈을 주지 말아야 한다는 것, 좋은 사람들을 만나거나 좋은 운을 얻기 위해 항상 오른발부터 디뎌야 한다는 것 등의 이야기가 있습니다.

루마니아인들은 13일의 금요일이 운이 나쁜 날이라고 생각합니다. 그래서 이날엔 어떤 약속도 잡지 않습니다. 또한 그들은 누군가 그들에게 과하게 질투하거나 감정을 쏟는다면 '악마의 눈'(deochi)에 걸리며, 그것에 의한 부정적인 기운을 떨쳐내기 위해 주술이나 축복의 기도 등을 받아야 한다고 믿기도 합니다.

Capitolul
9

Ce pot să vizitez în București?

부쿠레쉬띠에서 뭘 구경할 수 있어요?

주요 문법

- 과거시제
- 여격 인칭대명사
- 원형부정사

어휘 및 표현

루마니아의 도시 및 관광지

지방	주요 도시
Maramureş 마라무레쉬	Satu-Mare 사뚜-마레, Baia Mare 바이아 마레
Bucovina 부코비나	Suceava 수체아바, Botoşani 보또샨
Moldova 몰도바	Iaşi 이아쉬, Bacău 바꺼우
Dobrogea 도브로제아	Constanţa 꼰스딴짜, Tulcea 뚤체아
Muntenia 문떼니아	Bucureşti 부쿠레쉬띠 (수도)
Oltenia 올떼니아	Craiova 크라이오바
Banat 바낫	Timişoara 티미쇼아라
Crişana 크리샤나	Arad 아라드, Oradea 오라데아
Transilvania 트란실바니아	Cluj-Napoca 클루즈-나뽀까, Braşov 브라쇼브, Sibiu 시비우

● 관광지

Teatrul Naţional	국립 극장	Universitatea Bucureşti	부쿠레쉬띠 대학교
Parcul Herăstrău	헤러스트러우 대공원	Delta Dunării	다뉴브 삼각지
Parcul Cişmigiu	치시미지우 공원	Castelul Bran	브란성
Palatul Parlamentului	국회의사당	Castelul Peleş	펠레시성

여행 Călătorii

ghid(ghizi)	m. 가이드	intrare liberă (intrări libere)	f. 무료 입장
suvenir(-uri)	n. 기념품	paşaport(poarte)	n. 여권
atracţie turistică (atracţii turistice)	f. 명소	viză(e)	f. 비자
hartă(hărţi)	f. 지도	rucsac(-i)	m. 배낭
centru(e) de informaţii	n. 안내소	geamantan(-e)	n. 여행 가방
bilet(-e) de intrare	n. 입장권	agenţie(i) de turism	f. 여행사

숙박 Atracții turistice și cazare

hotel(-uri) *n.* 호텔	pensiune(i) *f.* 펜션
gazdă(e) *f.* 민박집	vilă(e) *f.* 빌라
motel(-uri) *n.* 모텔	hostel(-uri) *n.* 호스텔

주말/여가 활동 Activități de sfârșit de săptămână/agrement

a ieși în oraș
시내에 가다

a se întâlni cu prietenii (esc)
친구를 만나다

a face poze
사진을 찍다

a face cumpărături
쇼핑하다

a pescui (esc)
낚시를 하다

a merge la picnic
소풍가다

a se plimba
산책하다

a face grătar
바베큐를 하다

문법

A 과거시제(복합과거) (Am/Ai~)

과거시제는 'a avea 조동사 + 동사의 과거분사' 형태로 표현합니다. a avea 조동사는 '가지다'의 뜻을 가지는 일반동사로 쓰일 때와 3, 4, 5인칭의 변화 형태가 다르니 주의해야 합니다.

● a avea 조동사의 인칭 변화

단수			복수		
1인칭	2인칭	3인칭	4인칭	5인칭	6인칭
am	ai	a	am	ați	au

과거분사 형태는 일정한 규칙에 따라 변화합니다.

-a, -i, -î 로 끝나는 동사		-e, -ea로 끝나는 동사	
-a, -i, -î + -t		-e, -ea → -ut/-s	
a sta 머무르다	stat	a face 하다/만들다	făcut
a învăța 배우다	învățat	a trece 지나가다	trecut
a lucra 일하다	lucrat	a putea ~(할)수 있다	putut
a veni 오다	venit	a vedea 보다	văzut
a citi 읽다	citit	a merge 가다	mers
a hotărî 결정하다	hotărât	a înțelege 이해하다	înțeles

예외의 경우(a fi : fost 등)도 있으나 대부분 위의 규칙대로 변화합니다. (단, a hotărî, a face, a vedea, a merge 동사에서와 같이, 규칙대로 변화하되, 발음 편의상 철자가 조금씩 달라지는 경우도 있습니다.)

Eu vin aici. / Am venit aici. 내가 여기로 온다. / 내가 여기로 왔다.
El citește o carte. / A citit o carte. 그가 한 책을 읽어요. / 그가 한 책을 읽었어요.
Voi înțelegeți? / Ați înțeles? 여러분들 이해되나요? / 여러분들 이해했었나요?

B 여격 인칭대명사 (Îmi/Îți : 나에게/너에게)

여격 인칭대명사는 '~에게'에 해당하는 인칭대명사입니다. '주다'(a da), '소개하다'(a prezenta)와 같은 동사와 함께 쓰이며, 위치는 보통 주어와 동사 사이에 위치합니다.

단수			복수		
1인칭	2인칭	3인칭	4인칭	5인칭	6인칭
îmi	îți	îi	ne	vă	le

Florin îmi prezintă un prieten. 플로린이 나에게 한 친구를 소개한다.
(El) Îți prezintă un prieten. (그가) 너에게 한 친구를 소개한다.
(Tu) Îi prezinți un prieten. (네가) 그녀/그에게 한 친구를 소개한다.

(Voi) Ne prezentați o prietenă. (너희가) 우리에게 한 (여성) 친구를 소개한다.
(Ea) Vă prezintă o prietenă. (그녀가) 당신들에게 한 (여성) 친구를 소개한다.
(Eu) Le prezint o prietenă. (내가) 그녀들/그들에게 한 (여성) 친구를 소개한다.

부정문은 여격 대명사 앞에 **nu**를 씁니다. 이때 1, 2, 3인칭의 경우는 **nu-mi, nu-ți, nu-i**로 형태가 달라집니다.

Florin nu-mi prezintă prietena lui. 플로린은 나에게 그의 여자친구를 소개해주지 않아요.
Florin nu ne prezintă prietena lui. 플로린은 우리에게 그의 여자친구를 소개해주지 않아요.

C 원형부정사 Modul Infinitiv

원형부정사는 동사의 원형 형태를 띠며, 문장 안에서 형용사적 용법, 명사적 용법 등으로 쓰입니다. 각각 '~할/하는', '~하기/하는 것'등의 의미를 가지는데, 본 교재에서는 상대적으로 더 자주 쓰이는 명사적 용법에 대해서만 간단히 살펴보겠습니다.

명사적 용법으로 쓰일 때에는 주어 역할로 쓰이거나, 전치사 뒤에 쓰이는 것이 일반적입니다.

A mânca bine este important. 잘 먹는 것은 중요합니다.
Merg la librărie pentru a cumpăra o carte. (한) 책을 사기 위해서 서점에 가요.

단어 librărie(i) f. 서점   a cumpăra(ø) 사다, 구매하다   important(ă/ți/te) 중요한

대화와 이야기

Marina	Bună Jihu. Ai venit din vacanță?
Jihu	Da, așa este.
Marina	Unde ai mers?
Jihu	Am fost la mare, la Costinești. Am vizitat puțin Mamaia și Constanța, apoi am vizitat Delta Dunării.
Marina	Uau! Ai vizitat foarte multe locuri!
Jihu	Da. Am mers cu barca și am pescuit în deltă. A fost foarte amuzant.
Marina	Vreau și eu!
Jihu	Îți recomand sincer.

해석

마리나: 안녕 지후야. 휴가 다녀왔어?
지후: 응, 맞아.
마리나: 어디로 갔어?
지후: 코스티네쉬띠 바다에 갔어. 마마야와 꼰스딴짜도 조금 구경했고, 그 다음에 다뉴브 삼각지를 구경했어.
마리나: 우와! 많은 장소를(여러 군데를) 구경했구나!
지후: 응. 다뉴브 삼각지에서 배를 탔고, 낚시도 했어. 정말 재미있었어.
마리나: 나도 가고 싶다!
지후: 너에게 정말로 추천해.

새단어

- vacanță(e) *f.* 방학, 휴가
- a vizita(ez) 방문하다, 구경하다
- deltă(e) *f.* 삼각지
- barcă(bărci) *f.* 배
- amuzant(ă/i/e) 재미있는
- și eu 나도

Astăzi vă prezint orașul București. Bucureștiul este o capitală frumoasă. În București poți să vizitezi Palatul Parlamentului, Parcul Herăstrău, Parcul Cișmigiu, Universitatea București, muzee diverse și clădiri vechi. Eu am mers în București acum un an și a fost frumos.

오늘은 여러분에게 부쿠레쉬띠 도시를 소개해드립니다. 부쿠레쉬띠는 아름다운 수도예요. 부쿠레쉬띠에서는 국회의사당, 헤러스트러우 대공원, 치시미지우 공원, 부쿠레쉬띠 대학교, 다양한 박물관, 그리고 오래된 건물들을 구경할 수 있어요. 저는 1년 전에 부쿠레쉬띠에 갔었는데, 아름다웠어요.

Castelul Bran este numit și Castelul lui Dracula. Acesta este unul dintre cele mai faimoase castele din lume și mulți oameni merg acolo anual. Mai ales, este bun pentru a face poze. Și eu am mers acolo anul trecut.

브란성은 드라큘라성이라고 하기도 해요. 이것(성)은 세계에서 가장 유명한 성 중에 하나이고 많은 사람이 매년 거기에 가요. 특히, (이곳은) 사진을 찍기에 좋아요. 저도 작년에 거기에 갔답니다.

새단어

- capitală(e) *f.* 수도
- divers(ă,i,e) 다양한
- clădire(i) *f.* 건물
- vechi(veche,vechi,vechi) 낡은, 오래된
- acum un(1) an 1년 전에 (acum ~ 전에)
- castel(-e) *n.* 성
- numit 불려지는
- unul dintre ~중에 하나
- cele mai faimoase 가장 유명한
- din lume 세계에서
- anual 매년
- mai ales 특히
- anul trecut 작년

연습문제

1. 다음 동사들의 과거분사 형태를 쓰세요.

   (1) a mânca _____   (2) a ieși _____

   (3) a vârî _____   (4) a zice _____

   (5) a strica _____   (6) a sta _____

   (7) a trece _____   (8) a lucra _____

   (9) a vedea _____   (10) a da _____

2. 다음 문장들을 루마니아어로 쓰세요.

   (1) 네가 했어?
       ▶ _____

   (2) (나는) 어제 일했어.
       ▶ _____

   (3) (우리가) 이것을 봤나요?
       ▶ _____

   (4) 여기에 여러분이 머물렀어요.
       ▶ _____

   (5) 시간이 많이 지났네.
       ▶ _____

   (6) 우리는 먹을 수 있었어.
       ▶ _____

단어 a ieși (ø) 나가다   a vârî (ø) 찌르다   a zice (ø) 말하다   a strica (ø) 망치다, 고장내다   a sta (ø) 머무르다   a lucra(ez) 일하다
a trece (ø) 지나다   a vedea (ø) 보다   a da 주다 (불규칙) – dau, dai, dă, dăm, dați, dau

3. 다음 빈칸에 알맞은 여격 인칭대명사를 쓰세요.

(1) _____ dai cartea. (너는) 나에게 (그) 책을 준다.

(2) _____ aduc laptele. (나는) 그들에게 (그) 우유를 가져가요.

(3) _____ dau telefon. (내가) 그녀에게 전화를 걸어요.

(4) _____ dă cărți. (그가) 여러분에게 책(들)을 줘요.

(5) _____ explică regulile. (그들이) 우리에게 (그) 규칙들을 설명해요.

(6) _____ spune ceva. (그가) 너에게 뭔가 말해.

4. 다음 빈칸에 알맞은 원형부정사를 쓰세요

(1) Gătim asta pentru _____.

먹기 위해 이것을 요리해요.

(2) Pentru _____, trebuie să citim multe cărți.

똑똑해지기 위해 책(들)을 많이 읽어야 합니다.

(3) Aici este bine pentru _____!

여기 놀기에 좋다!

(4) _____ devreme este bine pentru copii.

일찍 자는 것은 아이들에게 좋다.

(5) _____ efort este important pentru o relație bună.

노력을 하는(기울이는) 것은 좋은 관계를 위해 중요하다.

단어 a da telefon 전화 걸다   a aduce(ø) 가져가다   lapte(lăpturi) n. 우유   a explica(ø) 설명하다   regulă(i) f. 규칙
deștept(teaptă, tepți, tepte) 똑똑한   a se juca(ø) 놀다   ceva 뭔가   devreme 일찍   efort(-uri) n. 노력   relație(i) f. 관계

루마니아의 유명 관광지

1. București (부쿠레쉬띠)

인민궁전

부쿠레쉬띠는 루마니아의 수도로, '작은 파리'라고 불리기도 했습니다. 부쿠레쉬띠에는 루마니아의 주요 관광지들이 분포해 있습니다. 먼저, 세계에서 두 번째이자, 유럽에서 가장 큰 '인민궁전'이 있는데 방의 개수가 무려 1100개에 달한다고 합니다. 또한, CEC은행 건물과 루마니아 국립 역사박물관 그리고 Centrul Vechi를 보실 수 있습니다. 추가적으로, 혁명광장, 루마니아 국립 미술 박물관, 문예연구회, 대학광장, 러시아 교회 등 많은 관광지들이 바로 이곳 부쿠레쉬띠에 있습니다. Herăstrău 공원, Cişmigiu 공원 그리고 Circului 공원 또한 놓치기 아까운 명소들입니다.

2. Transfăgărăşan (트란스퍼거러샨 고속도로)

트란스퍼거러샨 고속도로

이 산속의 고속도로는 세계에서 가장 화려한 도로들 중 하나이며 90km의 길이를 가지고 있습니다. 이 도로는 Făgăraş산 (Transilvania 산맥의 일부)을 가로지르며, 해발 2134m에 이르는 높이까지 이어졌다고 합니다. 여러 급회전 구간이 있어서 모험을 즐기는 드라이버들에게는 멋진 도전이 될 것입니다. Nicolae Ceauşescu 대통령 시절 공산주의 시절에 군사용 통행로 목적으로 산을 통과하여 만들어졌으며 이 과정에서 수십 명의 군인들이 목숨을 잃었다고 합니다.

3. Cascada Bigăr (비커 폭포)

비커 폭포

Caraş-Severin County, Anina Mountains에 위치한 이 폭포는 주변의 이끼, 돌들과 어우러져 환상적인 물장막을 만들어 냅니다. 또한 이 지역은 Nerei 협곡 국립공원을 포함한 약 176핵타르에 달하는 자연에 둘러싸여 있으며, 곰, 스라소니, 늑대, 여우 그리고 다양한 새들과 물고기들도 이 부근에서 볼 수 있습니다.

4. Sibiu (시비우)

시비우

2007 '유럽 문화의 수도'로 선정(동남부 유럽 최초)되었던 시비우 도시는 그 자체로 800년 이상의 역사를 지니고 있습니다. 이 도시는 많은 영역에서 '첫' 타이틀을 거머쥐었고 루마니아에서 가장 훌륭한 중세 도시의 총체이기도 합니다. 한국 드라마 '블러드'의 첫 에피소드가 이곳 시비우에서 촬영되기도 했습니다.

5. Sighișoara (시기쇼아라)

시기쇼아라

루마니아의 아름다운 도시들 중 하나입니다. 시기쇼아라 도시의 기원은 고대 로마 시대로 거슬러 올라갑니다. 현재 유럽에서 가장 잘 보존된 중세 마을들 중 하나로 손꼽히고 있습니다. 유네스코 세계문화유산으로 지정되었으며 드라큘라 이야기의 시초가 된 Vlad 영주가 태어난 장소이기도 합니다.

6. Cimitirul Vesel (즐거운 묘지)

즐거운 묘지는 Maramureș(마라무레슈) 지역에 위치한 묘지로 Stan Ioan Pătraș 의해 만들어진 색감 가득한 묘비입니다. 하나의 열린 박물관이자 매력적인 관광장소라 할 수 있는 이 묘지에는 고인의 이미지를 담은 수백 개의 나무 십자가가 있습니다. 흥미로운 사실은 이 십자가에 고인이 어떻게 죽었는지에 대한 이야기가 (때로는 한 편의 시로도) 적혀있다는 것입니다.

7. Castelul Bran (브란성)

브란성

드라큘라가 성 지하 어딘가에 아직도 살고 있다는 설 때문인지 드라큘라의 성으로 더욱 유명한 이 성은 루마니아의 Maria 여왕에 의해 수집된 그림과 가구들을 전시하는 박물관이기도 합니다. 트란실바니아의 브라쇼브(Brașov) 도시 근처에 있으며 박물관은 성의 4개 층 전체에 위치하고 있습니다. 성의 외곽은 돌로 지어졌으며 이로 인해 성이 마치 하나의 큰 돌로 된 조각품처럼 보이기도 합니다.

Capitolul 9   101

루마니아의 유명 관광지

8. Delta Dunării (다뉴브 삼각주)

다뉴브 삼각주

유럽의 몇몇 나라들을 통과하는 다뉴브강은 루마니아를 거쳐 흑해로 통합니다. 이때 루마니아를 통과하는 강 하류에 형성된 삼각주가 다뉴브 삼각주입니다. 이 삼각주는 아주 잘 보존되어 유네스코에도 등재되었으며 Tulcea(툴체아)에 위치합니다. 다뉴브 삼각주는 야생 동물을 사랑하는 사람들에게 천국과 같은 곳이며 다양한 종류의 생선 요리도 먹을 수 있습니다. 이곳은 자연 속에서 쉬며 자연 자체를 최대한으로 즐기고 싶은 사람들에게 아주 좋은 장소가 될 것입니다.

9. Salina Turda (투르다 소금 광산)

투르다 소금 광산

투르다 소금 광산은 Transilvania (트란실바니아) 지역에 위치한 천연 소금 광산 박물관입니다. 이 광산을 이루는 전체 소금은 트란실바니아 지역에서부터 무려 약 1천 3백만 년의 세월에 걸쳐 축적된 것으로 알려져 있습니다. 관광지로서의 역할은 1992년부터 시작되었고 호흡기 질환의 자연치료 목적으로 많은 이들이 방문했다고 합니다. 현재는 놀이공원뿐 아니라 콘서트가 가능한 공간들과 미니 골프장 및 타 스포츠를 위한 공간도 갖추고 있습니다.

10. Castelul Peleș (펠레시성)

펠레시성

루마니아의 첫 번째 왕 카롤 1세 시기였던 1914년에 지어진 이 성은 루마니아 내 가장 빼어난 성들 중 하나로서, 시나이아(Sinaia) 도시 근처에 위치하고 있습니다. Maria 여왕이 내부 디자인을 했던 이 성은 유럽에서 가장 먼저 전 구역 전기가 공급되는 성이었다고 합니다. 펠레시성에는 170여 개의 방들이 있으나 그 중 소수의 방만 관광이 가능하며 방 안에는 온갖 귀중품들이 소장되어 있는 아주 매력적인 곳입니다.

Capitolul

Cât de des faci sport?

얼마나 자주 운동을 해요?

주요 문법

- 미래시제 (1)
- 좋아하다, 배고프다
- 전치사

어휘 및 표현

운동, 놀이 Sporturi, Jocuri  MP3 **10-1**

baschet 농구

badminton 배드민턴

biliard 당구

box 복싱

fotbal 축구

tenis 테니스

călărie 승마

patinaj 스케이팅

înot 수영

taekwondo 태권도

volei 배구

yoga 요가

șah
체스

joc de cărți
카드 게임

remi 러미
(특정한 조합의 카드를 모으는 놀이)

mimă
마임

fazan
끝말잇기

coarda
줄넘기

telefonul fără fir
귓속말 전달하기

balet
발레

횟수 Exprimarea frecvenței

nu prea	câteodată	des	mereu
거의	가끔	자주	항상
zilnic	săptămânal	lunar	anual
매일	매주	매달	매년

o dată	de două ori	de trei ori	de patru ori
한 번	두 번	세 번	네 번
de cinci ori	de șase ori	de șapte ori	de multe ori
다섯 번	여섯 번	일곱 번	여러 번

* '두 번'부터는 de 와 ori사이에 기수(여성형)를 넣어서 표현합니다.

옷과 신발 Îmbrăcăminte și încălțăminte

pantalon(-i)	m. 바지	tricou(-ri)	n. 티셔츠
blugi	m. 청바지	pijama(-le)	f. 잠옷(파자마)
fustă(e)	f. 치마	pălărie(i)	f. (챙) 모자
rochie(i)	f. 원피스, 드레스	mănușă(i)	f. 장갑
cămașă(cămăși)	f. 셔츠	șosetă(e)	f. 양말
costum(-e)	n. 양복	pantof(-i)	m. 구두
trening(-uri)	n. 운동복	gheată(ghete)	f. 부츠
pardesiu(-ri)	n. 코트	pantof(-i) cu toc	m. 하이힐
bluză(e)	f. 블라우스	sandală(e)	f. 샌들
pulover(-e)	n. 스웨터	adidas(și)	m. 운동화

문법

A 미래시제 (1) : (O să : ~할 것이다)

미래시제는 'o să + 동사(현재형)' 형태를 씁니다. o să 뒤에 나오는 동사는 인칭 변화를 합니다. (참고로 o는 형태의 변화를 보이지 않는 품사(불변화사)입니다.) 부정형은 o să 앞에 nu를 씁니다.

- (Eu) **O să iau** o casă. (나는) (한) 집을 구할 거야.
- (Tu) **O să vezi** acel film? (당신은) 그 영화를 볼 거예요?
- (Noi) **O să mergem** la munte. (우리는) 산으로 갈 거야.
- Mama **nu o să aibă** timp deseară. 엄마는 오늘 저녁에 시간이 없을 거야.

B 좋아하다, 배고프다

루마니아어로 'A는 B를 좋아하다'라는 표현은 'A에게 즐거움을 준다(place) B가'의 형식으로 말합니다. 즉 좋아하는 대상(B)이 목적어가 아닌 주어가 되고, 좋아하는 주체(A)는 여격 형태가 됩니다. place는 '~에게 즐거움을 주다'라는 동사 a plăcea의 3인칭 형태입니다. 추가로, 좋아하는 물건(B)에는 정관사를 붙여서 씁니다.

- **Îmi** place asta. 저에게 그것이 즐거움을 줘요. (저는 그것을 좋아해요.)
- **Îți** place calculatorul. 너에게 컴퓨터가 즐거움을 준다. (너는 컴퓨터를 좋아해.)
- **Îi** place cartea. 그녀에게 책이 즐거움을 줘요. (그녀는 책을 좋아해요.)
- **Nu-mi** place mobilul meu. 나에게 내 핸드폰이 즐거움을 주지 않아요.(나는 내 핸드폰이 좋지 않아요.)

좋아하는 대상이 둘 이상일 때에는, 주어가 복수가 되므로(그것이 → 그것들이) **place** 대신 **plac** (a plăcea 동사의 6인칭 형태)을 씁니다.

- Îmi **plac** cărțile. 나에게 책들이 즐거움을 준다. (나는 책들을 좋아해.)

'배고픈', '추운' 등의 상태를 표현할 때에도 한국어와 다른 모습을 보입니다. 한국어는 'A가 B한 상태이다'와 같이 표현하는데, 루마니아어는 'A에게 있다(este) B함이'와 같은 형식으로 표현합니다. 이 때 'B함'은 '형용사'가 아닌 '명사'임이 큰 차이점입니다.

- **Îmi** este foame. 저에게 배고픔이 있어요. (저는 배가 고파요.)
- **Ne** este sete. 우리에게 목마름이 있어요. (우리는 목이 말라요.)

단어 aibă: are(가지다)의 변화형 (să are → să aibă)　deseară 오늘 저녁　mobil(e) *n.* 핸드폰

Vă este frică. 당신들에게 무서움이 있어요. (당신들은 무서워해요.)
Le este somn. 그들에게 졸림이 있어요. (그들은 졸려요.)
Nu **mi**-e frig. 나에게 추움이 없어요. (나는 춥지 않아요.)

ⓒ 전치사

● 장소, 위치, 방향

la	de la	în	spre	între	dintre
~로/~에	~에서, 부터	~안에	~를 향해	~사이에	~중에서

※ 위치 명사와 부사

față	앞	spate	뒤
dreapta	오른쪽	stânga	왼쪽
sus	위에	jos	아래에
lângă	근처에, 옆에	departe	멀리

Suntem **în față**. 우리는 앞에 있어.   Ești **departe**. 너는 멀리 있어.
Este **jos** acolo. 그것은 저기 아래에 있어.   El este **lângă** noi*! 그가 우리 근처에 있어!
Faci **la dreapta**. 오른쪽으로 가세요.   Vreau loc **în spate**. 뒷자리를 원해요.
Atunci mergeți **spre** școală. 그러시면 학교를 향해서 가세요.
Trebuie să aleg una **dintre** ele. (나는) 이것들 중에서 하나를 골라야 해.

● 시간, 날짜, 요일

'시간' 앞에는 la, '일' 앞에는 pe, '달'이나 '년도' 앞에는 în을 씁니다. '요일' 앞에는 전치사를 붙이지 않습니다.

3시에: **la** ora 3   3시까지: **până** la ora 3
3시부터: **de la** ora 3   3시와 4시 사이: **între** ora 3 și 4
5일에: **pe** 5   1월에: **în** ianuarie
2020년에: **în** anul 2020   월요일, 월요일에: luni

단 어 frig(-uri) *n.* 추움   a alege(ø) 고르다   noi 인칭대명사 목적격(11과 참고)

대화와 이야기

Jihu	Îmi place fotbalul.
Marina	Și joci fotbal?
Jihu	Desigur.
Marina	Joci fotbal des?
Jihu	Joc fotbal săptămânal. Sunt membru în echipa de fotbal.
Marina	Așa deci. O să joci în acest weekend?
Jihu	Nu, o să jucăm vineri.

해석

지후: 나는 축구를 좋아해.
마리나: 축구를 하기도 하니?
지후: 물론이지.
마리나: 축구를 자주 해?
지후: 매주 해. 나는 축구팀 회원이야.
마리나: 그렇구나. 이번 주말에 할 거야?
지후: 아니. 금요일에 할 거야.

새단어

- fotbal(-uri) *n.* 축구
- a juca(ø) (공놀이 등을) 하다
- Desigur 물론이지
- des 자주
- săptămânal 매주
- echipă(e) *f.* 팀
- Așa deci. 그렇구나

Îmi place înotul. Eu merg la piscină de două ori pe săptămână. Vreau să merg mai des, dar nu am timp. După ce înot, îmi este foame. De aceea, după ce termin înotul, merg la restaurantul de lângă piscină. Mâncarea este foarte delicioasă după ce fac sport.

저는 수영을 좋아해요. 저는 일주일에 두 번 수영장에 가요. 더 자주 가고 싶지만, 시간이 없어요. 수영을 하고 나면, 배가 고파요. 그래서 수영이 끝나면, 수영장 옆에 있는 식당에 가요. 운동을 하고 나면 음식이 정말 맛있어요.

Îmi plac plimbările în parc. De aceea, merg cu Jihu în parc atunci când avem timp.
Câteodată, luăm prânzul în parc. Rareori, Jihu face kimbap și este foarte delicios.

저는 공원에서 산책하는 것을 좋아해요. 그래서, 시간이 있을 때 지후랑 공원에 가요. 때때로, 우리는 공원에서 점심을 먹기도 해요. 지후가 가끔 김밥을 싸오는데, 정말 맛있어요.

새단어

- înot(-uri) *n.* 수영
- pe săptămână 일주일에
- timp(-uri) *n.* 시간
- după ce~ ~하고 나서
- delicios(ă,i,e) 맛있는
- sport(-uri) *n.* 스포츠
- plimbare(bări) *f.* 산책
- câteodată 때때로
- prânz(-uri) *n.* 점심
- rareori 드물게, 가끔

연습문제

1. 괄호 안에 알맞은 것을 고르세요.

(1) (O să / Trebuie să) iau acesta. 이것을 가져야 해.

(2) (O să / Hai să) vedem un film! 영화를 보자!

(3) (Hai să / Trebuie să) mergem la una dintre acele locații! 저 장소들 중 하나로 가야 해!

(4) Ei (trebuie să / o să) vină în curând. 그들이 곧 올 거야.

(5) (Hai să / O să) cumpărăm un pix nou! 새로운 펜을 살 거야!

2. 주어진 의미에 맞게 빈칸에 알맞은 단어를 쓰세요.

(1) Faci _____ _____.
왼쪽으로 가.

(2) Mergem _____ spital acum.
지금 병원을 향해 가고 있어요.

(3) Merg _____ biserică în fiecare duminică.
매주 일요일 교회에 가요.

(4) Care îți place _____ ei?
그것들 중에 뭘 좋아해?

(5) O să stau _____ parc!
공원에서 있을 거야!

(6) Îmi este foame, dar nu-i nimic _____ noi.
배가 고프지만, 우리 근처에 아무것도 없어.

단어 locație(i) *f.* 장소　în curând 곧　pix(-uri) *n.* 펜　biserică(i) *f.* 교회　în fiecare 매~　nu-i nimic 아무것도 없다　una *f.* 하나

3. 다음 문장을 루마니아어로 쓰세요.

   (1) 나는 이 공책이 좋아.

   ▶ _____

   (2) 그는 배가 고파요.

   ▶ _____

   (3) 그들은 저 방을 좋아해요.

   ▶ _____

   (4) 너는 이 사진이 좋아?

   ▶ _____

   (5) 너희들은 목이 말라.

   ▶ _____

   (6) 우리는 졸려요.

   ▶ _____

4. 대화를 듣고 질문에 답하세요.

   (1) 마리나는 어떤 운동을 좋아하나요?

   ▶ _____

   (2) 마리나는 그 운동을 얼마나 배웠나요?

   ▶ _____

단어 aproximativ 대략적으로

루마니아의 유명한 운동 선수들

아직 많이 알려지지 않은 것이 사실이지만, 생각보다 유명하고 대단한 루마니아 운동 선수들이 많이 있습니다. 이번 과에서는 그런 선수들을 몇 명 소개하겠습니다.

가장 먼저 소개해 드릴 선수는 'Nadia Comăneci 나디아 코머네치'입니다. '루마니아의 체조 요정'으로 불린 이 선수는 1976년 몬트리올 올림픽에서 세계 최초로 체조 부문 10점 만점을 기록한 선수로서, 무려 일곱 번이나 만점을 받았습니다. 그 후 2004년 아디다스 광고에서 다시 각광을 받으며 현재까지도 많은 이들에게 기억되고 있는 선수입니다.

두 번째로 소개해 드릴 선수는 여자 테니스 세계 랭킹 1위(2018년 기준)인 Simona Halep 시모나 할렙입니다. 가슴 축소 수술을 한 뒤 성적이 크게 향상되어 세계 랭킹 1위에까지 오른 일화가 유명합니다.

세 번째 선수는 축구에서 크게 명성을 떨친 Gheorghe Hagi 게오르게 하지 선수입니다. 축구에 관심이 있는 사람들은 알 수도 있을 이 선수는 1980~90년대 최고의 공격형 미드필더 중 한 명이었습니다. 루마니아 팬들은 이 인물을 '왕'이라 칭하며 무려 7번이나 '올해의 선수'로 등극시킬 만큼 유명한 선수였습니다.

이 외에도 축구 선수 Adrian Mutu 아드리안 무투, 테니스 선수 Ilie Năstase 일리에 너스따쎄, 카약 선수 Ivan Patzaichin 이반 빠뜨자이긴 등이 있습니다.

Capitolul

11

Te voi ajuta la acestea.

내가 그것들을 도와줄게.

주요 문법

- 미래시제 (2)
- 목적격 인칭대명사 (1)
- 접속사

어휘 및 표현

교육 과정 Etape școlare

 MP3 **11-1**

învățământ preșcolar 유치원
elev de grădiniță
유치원생

învățământ primar 초등학교
elev (de școală primară)
초등학생

gimnaziu 중학교
elev (de școală gimnazială)
중학생

liceu 고등학교
elev (de liceu) 고등학생

facultate 대학교
student 대학생

master 대학원
masterand 대학원생

※ Doctorat 박사 학위/doctorand 박사 과정생

과목 Cursuri

limba română	루마니아어	limba coreeană	한국어
limba engleză	영어	limba franceză	불어
literatură	문학	religie	종교
istorie	역사	gramatică	문법
matematică	수학	fizică	물리
chimie	화학	biologie	생물
muzică	음악	educație fizică	체육

학교, 교실 Facilitățile școlii

campus(-uri)	n. 캠퍼스	penar(-e)	n. 필통
sală(săli) de clasă	f. 교실	ghiozdan(-e)	n. 배낭
sală(săli) de lectură	f. 강의실	uniformă(e)	f. 교복
cantină școlară (cantine școlare)	f. 학생 식당	manual(-e)	n. 교과서
papetărie(i)	f. 문구점	curs(-uri), oră(e)	n. f. 수업
teren(-uri) de sport	n. 운동장	absolvire(i)	f. 졸업
bibliotecă(i)	f. 도서관	admitere(i)	f. 입학
cămin(-e)	n. 기숙사	examen(-e), test(-e)	n. 시험
catedră(e)	f. 교탁	vacanță(e)	f. 방학
pupitru(e), bancă(bănci)	n. f. 책상	temă(e)	f. 숙제

문법

A 미래시제 (2) (Voi face ... ~할 것이다, ~할래)

미래시제는 'o să + 동사(현재형)' 구조 외에 'a vrea 조동사 + 동사의 원형' 형태를 쓰기도 합니다. 둘의 큰 차이는 없지만, 상대적으로 'o să + 동사(현재형)'는 미리 예정되어 있던 일을 이야기 할 때, 'a vrea 조동사 + 동사의 원형'은 즉흥적인 일을 이야기 할 때 사용합니다.
과거시제와 마찬가지로 조동사 부분은 인칭에 따라 형태가 변합니다.

(Eu) **Voi** merge acasă. (나는) 집으로 갈 거야.
(Tu) **Vei** merge acolo? (너는) 거기 갈 거야?
(El/Ea) **Va** fi ok. (그/그녀는) 괜찮을 거야.
(Noi) **Vom** studia azi. (우리는) 오늘 공부할래.
(Voi) **Veți** avea cursuri. (당신들은) 수업이 있을 거예요.
(Ei/ele) **Vor** învăța despre mașini. (그들/그녀들은) 자동차에 대해 배울 거예요.

부정형은 a vrea 조동사 앞에 **nu**를 넣습니다.

Nu vom urca acest munte! 우리는 이 산을 오르지 않을 거야!
Nu vor bea alcool astăzi. 그들/그녀들은 오늘 술을 마시지 않을 거예요.

B 목적격 인칭대명사 (1) (mă/te : 나를/너를)

단수			복수		
1인칭	2인칭	3인칭	4인칭	5인칭	6인칭
mă	te	îl/o	ne	vă	îi/le

목적격 인칭대명사는 인칭대명사가 목적어 자리에 올 때 쓰이는 형태입니다. 루마니아어는 어순이 자유로운 편이어서 목적어가 동사 뒤에 오기도 하고 앞에 오기도 합니다.

Mă recomanzi. (네가) 나를 추천한다.
Te iubesc. (나는) 너를 사랑해.
Îl duc acolo. (나는) 그것을(남성 명사) 저기로 가져간다.

단어 a urca(ø) 오르다 alcool(-uri) n. 술 a recomanda(ø) 추천하다 a iubi(esc) 사랑하다 a duce(ø) 가져가다

O comand. (나는) 그것을(여성 명사) 주문해요.
Ne înțelege. (그가) 우리를 이해해요.
Vă aștept aici. (내가) 당신들을 여기서 기다려요.
Îi conduceți acum? (당신이) 지금 그들을 이끌고 있으신가요?
De ce le cautați? 왜 (당신들은) 그것들을(여성 명사) 찾으시나요?

부정문을 만들 때 nu의 위치는 일반적으로 목적격 인칭대명사 앞에 위치합니다. 이때 3, 6인칭의 경우는 각각 nu-l, nu-i로 형태가 달라집니다.

De ce nu-l recomanzi? (너는) 왜 그를 추천하지 않아?
Eu nu-i aduc acum. 나는 그것들(남성 명사)을 지금 가지고 가지 않아.

ⓒ 접속사

> și 그리고
> deci, de aceea 그래서
> totuși ~에도 불구하고
> pentru că, deoarece 왜냐하면
> sau, ori 또는
> dacă 만약 ~라면
> dar 하지만

O să fac sarmale și prăjitură. 사르말레와 케이크를 만들 거야.
Nu-mi place roșul, dar este ok. 나는 빨간색을 좋아하지 않지만 괜찮아.
Am făcut sport, deci suntem sănătoși. 우리는 운동을 했어. 그래서 건강해.
Vrei cafea sau suc? 커피 (원해) 아니면 주스 원해?
Vreau această casă pentru că arată mai bine. 이 집을 원해 왜냐하면 더 보기 좋아.

 a comanda(ø) 주문하다   a conduce(ø) 이끌다   a căuta (ø) 찾다   strugure(i) *m.* 포도   roșu 빨간색
sănătos(toasă, toși, toase) 건강한   cafea(cafele) *f.* 커피   a arăta(ø) 보이다

대화와 이야기

Jihu	Marina, ce o să faci astăzi?
Marina	O să studiez pentru că am examen săptămâna viitoare.
Jihu	Dacă se poate, poți să mă ajuți?
Marina	Sigur. La ce vrei să te ajut?
Jihu	Mâine am examen la limba română, dar gramatica și istoria sunt foarte dificile.
Marina	Bine, te voi ajuta la acestea. Hai să ne vedem în curând la bibliotecă!

해석

지후: 마리나, 오늘 뭐 할 거야?
마리나: 다음 주에 시험이 있어서 공부할 거야.
지후: 가능하다면, 나를 도와줄 수 있어?
마리나: 물론이지. 뭐 도와줄까?
지후: 내일 루마니아어 시험인데, 문법이랑 역사가 너무 어려워.
마리나: 좋아, 내가 그것들을 도와줄게. 이따 도서관에서 보자!

새단어

- săptămâna viitoare 다음 주
- examen(-e) *n.* 시험
- a se putea(ø) 가능하다
- a ajuta(ø) 도와주다
- la ce 어디, 뭐
- mâine 내일
- dificil(ă/i/e) 어려운
- bibliotecă(i) *f.* 도서관

Săptămâna viitoare o să înceapă examenele. Trebuie să studiez mult deoarece sunt examene importante. Vreau neapărat să iau note mari la examene. De aceea, de astăzi, voi face un plan de studiu!

다음 주에 시험이 시작돼요. 중요한 시험이기 때문에 열심히 공부해야 해요. 시험에서 꼭 좋은 성적을 거두고 싶어요. 그래서 오늘부터 공부 계획을 세울 거예요!

Visul meu este a merge în Coreea de Sud. De aceea, am început să studiez limba coreeană. Am câțiva prieteni coreeni. După ce învăț limba coreeană, o să le scriu o scrisoare. Astăzi am învățat alfabetul coreean. Mâine voi studia despre propozițiile din limba coreeană.

내 꿈은 대한민국에 가는 거예요. 그래서 한국어 공부를 시작했어요. 저는 한국 친구들이 몇 명 있어요. 한국어를 배운 다음에, 그들에게 편지를 쓸 거예요. 오늘은 한국 알파벳(글자)을 배웠어요. 내일은 한국어 문장들에 대해 공부할래요.

새단어

- notă(e) *f.* 성적
- plan(-uri) de studiu *n.* 공부 계획
- vis(-e) *n.* (미래의) 꿈
- câțiva 몇몇의
- a începe(ø) 시작하다
- după ce ~(한) 다음에, 후에
- a scrie(ø) 쓰다, 적다
- scrisoare(i) *f.* 편지
- neapărat 꼭
- propoziție(i) *f.* 문장

Capitolul 11

연습문제

1. 빈칸에 알맞은 형태의 인칭대명사를 쓰세요.

   (1) _____ iubește sincer.
   그는 나를 진심으로 사랑해.

   (2) Pot să _____ conduc bine.
   저는 당신들을 잘 이끌어 드릴 수 있습니다.

   (3) De ce nu _____ recomandați?
   당신들은 왜 그녀를 추천하지 않는 건가요?

   (4) Ați încercat să _____ căutați, nu-i așa?
   당신들 우리를 찾으려 했던 거죠, 그렇죠?

   (5) Vrei să _____ aduci?
   너 그것(남성 명사)을 가져가고 싶니?

   (6) Nu vrem să _____ comandăm.
   우리는 그것들(여성 명사)을 주문하고 싶지 않습니다.

2. 다음 중 접속사가 바르게 쓰이지 않은 문장을 고르세요.

   ① Am vrut să merg la mare, deci am mers acolo.
   ② A încercat din greu, dar n-a mers bine.
   ③ Vreau să mă spăl, și acum nu pot.
   ④ Puteți să alegeți dintre pix sau stilou.
   ⑤ Dacă vrei, este ok așa.

단어 din greu 열심히　a merge(ø) (일 등이) 풀리다　a se spăla(ø) 씻다　stilou(-ri) *n.* 만년필　așa 이렇게

3. 빈칸에 들어갈 단어를 골라 알맞은 형태로 바꾸어 문장을 완성하세요. (필요하면 관사를 붙일 것)

| 보기 | vacanță   test   semestru   note   a primi |

(1) În _____ de iarnă am mers cu familia în excursie.
겨울 방학에 가족과 여행을 떠났다.

(2) La _____ de matematică, nu am știut o problemă.
수학 시험에서 문제 하나를 몰랐다.

(3) Am avut _____ bune în acest semestru și am primit un cadou.
이번 학기에 성적이 좋았고 (한) 선물을 받았다.

(4) Imediat ce _____ notele, le-am* arătat părinților.
성적을 받자마자 부모님께 보여 드렸다.

(5) Bine, acest _____ voi studia mult și voi primi bursă.
좋아, 이번 학기에 열심히 공부해서 장학금을 받을래.

4. 이야기를 듣고, 이야기의 내용과 일치하면 ○, 일치하지 않으면 X 표시하세요.   🔘 MP3 **11-3**

(1) 할머니는 70세에 대학교에 입학하셨어요. ▶ _____
(2) 할머니는 6년만에 졸업을 하셨어요. ▶ _____
(3) 할머니는 결혼을 하지 않으셨어요. ▶ _____

단어 semestru(e) *n.* 학기   cadou(-ri) *n.* 선물   Imediat ce ~ ~하자마자   a primi(esc) 받다   a respecta(ø) 존경하다
*le-am에서 -ă표기는 다음 과에서 자세히 다룹니다.

Capitolul 11   121

루마니아의 교육제도

루마니아 아이들은 7살에 초등학교에 입학하여 18살에 고등학교를 졸업하게 됩니다. 졸업 후에는 본인의 선택에 따라 대학교에 진학하거나 일을 합니다.

특이한 점은 유년기 때부터 아이들에게 종교적인 관념을 세우고자 여러 가지 신앙 교육이 의무로 시행된다는 점입니다. 하지만 어떤 부모님들은 이런 교육에 반대하여 청원을 내는 등의 행동을 보이기도 합니다.

중·고등학교에 진학한 학생들은 이 둘을 구분하지 않고 'Liceu'라는 공간에 모여서 공부하게 됩니다. 'Liceu'는 지역에 따라 명성이 높은 곳이 있어 아이들을 이곳에 보내려고 애쓰는 학부모들도 있습니다.

전반적인 학업 분위기는 개방적이라 할 수 있으며 시골의 경우, 지역 노선의 작은 버스를 타고 1시간이 넘는 등하굣길을 오가는 학생들도 볼 수 있습니다.

Liceu를 마친 학생들은 한국의 수능시험에 해당하는 시험(Bacalaureat)을 치르는데, 시험 과목수가 3개 정도로 수능시험보다 부담이 덜하며, 시험에서 한 번 점수를 얻으면 그 점수를 나중에 다른 대학에 진학하는 데 쓸 수도 있다는 것이 특징입니다.

대학 수업은 100% 강의식 수업이 아닌 2시간에 1시간씩 세미나 수업을 운영하여 학생들의 참여를 최대한 이끌어 내고자 합니다. 대학 내 과제는 학생들의 생각을 끌어내고자 하는 것들이 많으며, 이와 관련하여 주마다 전공 서적만이 아닌 다양한 분야의 책들을 읽게 하곤 합니다. 대학의 평가 방식은 보통 절대평가로 이루어집니다.

마지막으로 2018년 기준 2개 대학에서 공식 한국어전공 학과가 개설되어 운영되고 있고, 점차 그 수가 증가할 것으로 보입니다. 또한 한국 기업의 진출로 현지 한국어과 출신 루마니아인들을 채용하는 사례가 등장하고 있어 점차 교류가 확대될 것으로 보입니다.

Capitolul 12

Ieri am cumpărat pantofi mov. Îi voi purta mâine.

어제 보라색 구두를 샀어요. 내일 그것을 신을래요.

주요 문법

- 목적격 인칭대명사 (2)
- 목적격 인칭대명사 강세형
- același/aceeași

어휘 및 표현

연애, 결혼 Vocabular legat de iubire

iubit(ți), prieten(-i) *m.* 남자친구
iubită(e), prietenă(e) *f.* 여자친구
cuplu(-ri) *n.* 연인, 커플
dragă, iubire 자기, 여보
a fi în relație 연애하다
a iubi 사랑하다
(esc)

a cere în căsătorie 프러포즈하다
(ø)

soț(-i) *m.* 남편
soție(i) *f.* 아내
cuplu(-ri) căsătorit(-e) *n.* 부부
a se logodi 약혼하다
(esc)
a se căsători 결혼하다
(esc)

a naște un copil 아이를 낳다
(ø)
a crește un copil 아이를 키우다
(ø)

a înșela 바람을 피우다
(ø)
a se despărți 헤어지다
(ø)
a divorța 이혼하다
(ez)

a se recăsători 재혼하다
(esc)

성격, 감정 personalitate și emoții

a fi bucuros	기쁘다	a fi trist	슬프다
a fi deprimat	우울하다	a fi grijuliu cu alții	자상하다
a fi de încredere	믿음직하다	a avea personalitate bună	성격이 좋다
a avea gusturi similare	취향이 비슷하다	a fi dezamăgit	실망하다
a se îndrăgosti (esc)	사랑에 빠지다	a se înțelege bine	이해심이 깊다
a respinge (ø)	거절하다	a fi simpatic	귀여워 보이다

색깔 Culori

alb 하얀색

negru 검은색

roșu 빨간색

galben 노란색

albastru 파란색

portocaliu 오렌지색

verde 녹색

maro 갈색

gri 회색

roz 핑크색

※ ~ închis 어두운 ~, ~ deschis 밝은 ~

albastru închis 어두운 파란색   albastru deschis 밝은 파란색

문법

A 목적격 인칭대명사 (2) (mă/te)

(1) 한국어로 이야기 할 때는 '~에게'라는 여격 인칭대명사를 사용하는 것이 자연스럽지만, 루마니아어에서는 같은 자리에 여격이 아닌 목적격을 써야 하는 동사들이 있습니다.

   Mă întrebi. (Îmi întrebi. X)   (네가) 나에게 물어본다.
   Te sun. (Îți sun. X)   (내가) 너에게 전화한다.
   O anunț. (Îi anunț. X)   (내가) 그녀에게 알려준다.

(2) 과거시제에서 여격, 목적격 인칭대명사는 'a avea 조동사' 앞에 '–'과 함께 위치합니다. 단, 3인칭 o는 과거분사 뒤에 위치합니다.
특별히 mă, vă, îl, îi은 ă와 î를 생략하고 '–'를 넣어 씁니다. 부정의 nu도 u를 생략하고 '–'를 넣어 씁니다.

   (Noi) Le-am comandat. (우리는) 그 음식들을 주문했다.
   (Eu) Te-am văzut ieri. (나는) 어제 너를 보았다.
   Am văzut-o ieri. (나는) 어제 그녀를 보았다.
   Când am fost afară, m-ai sunat. (내가) 밖에 있었을 때, 너는 나에게 전화했다.
   A explicat potrivit, dar l-am întrebat din nou. 그는 적절하게 설명했지만 (나는) 그에게 다시 물었다.
   V-am sunat, dar n-ați răspuns. 당신들에게 전화했지만 받지 않았습니다.

B 목적격 인칭대명사 강세형 (mine/tine)

단수			복수		
1인칭	2인칭	3인칭	4인칭	5인칭	6인칭
mine	tine	el/ea	noi	voi	ei/ele

단 어 a anunța(ø) 알리다   ieri 어제   afară 밖   a explica(ø) 설명하다   potrivit(ă/i/e) 적절한, 적절히   din nou 다시   a răspunde(ø) 응답하다

목적격 인칭대명사의 강세형은 전치사 뒤에 주로 쓰입니다.

Mama gătește pentru mine. 어머니께서 나를 위해 요리하세요.
Mâncarea este făcută de tine? 그 음식 네가 만든 거야?
Mergem cu el/ea? 우리 그/그녀와 가는 거야?
Am scris pentru noi. 나는 우리를 위해 적었어.
Plecăm spre voi acum! 지금 당신들에게 갑니다!
A fost acasă la ei. 그/그녀는 그들의 집에 갔었다.

전치사와 강세형만을 사용하여 간단하게 말하기도 합니다.

A: Unde mergi acum? 지금 어디 가는 거야?
B: La tine! 너네 집에!
A: La mine? Serios? 우리집? 진심이야?

C acelaşi / aceeaşi

'같은', '같은 것'이란 의미로, 형용사로도 쓰이고 대명사로도 쓰입니다. 수식하는 명사 또는 가리키는 명사의 성과 수에 따라 형태가 달라집니다.

	남성	여성
단수	același	aceeași
복수	aceiași	aceleași

Și eu vreau aceeași băutură. 저도 같은 음료로 할게요.
O să cumpăr același ceas. 나는 같은 시계 살 거야.
Vom urca pe aceiași munți în curând. 우리는 곧 같은 산을 오를 것입니다.
Ne plac aceleași cărți. 우리는 같은 책들을 좋아해요.

단어 pentru ~을 위해 făcut(ă/i/e) 만들어진 spre ~을 향해 băutură(i) f. 음료 ceas(-uri) n. 시계

대화와 이야기

(în parc)

Marina	Jihu, ce fel de fată preferi?
Jihu	Prefer fetele sincere și înțelegătoare. Tu ce băieți preferi?
Marina	Eu prefer băieții deștepți și curajoși.
Jihu	Ca mine?
Marina	Ca tine… Hm, poate.
Jihu	Bine. Oricum, hai să mergem.

해석

(공원에서)

마리나: 지후야, 어떤 여자를 선호해?
지후: 솔직하고 이해심 많은 여자를 선호해. 너는 어떤 남자를 선호해?
마리나: 나는 똑똑하고 용감한 남자를 선호해.
지후: 나처럼?
마리나: 너처럼… 흠, 아마도.
지후: 좋아. 어쨌든, 가자.

새단어

- a prefera(ø) 선호하다
- sincer(ă/i/e) 정직한, 솔직한
- înțelegător(oară, i, oare) 이해심 많은
- curajos(oasă, și, oase) 용감한
- a cunoaște (ø) 알다, 인지하다

Îmi place culoarea mov. De aceea, am multe obiecte mov. Ieri am cumpărat pantofi mov. Îi voi purta mâine. Vreau să am mai multe obiecte de aceeași culoare.

저는 보라색을 좋아해요. 그래서 저는 보라색 물건이 많아요. 어제 보라색 구두를 샀어요. 내일 그것을 신을래요. 같은 색의 더 많은 물건들을 갖고 싶어요.

Astăzi voi merge la Jihu în vizită. Îi voi da prăjitura mea preferată. Se numește 'Savarină'. Voi face prăjitura, apoi voi pleca spre el la ora 3 după amiază.

오늘 지후네 방문할래요. 그에게 제가 가장 좋아하는 케이크를 줄 거예요. 그것은 사바리너라고 해요. 제가 그 케이크를 만들어서 오후 3시에 그의 집으로 출발할 거예요.

새단어

- mov 보라색의
- obiect(-e) *n.* 물건
- a purta (ø) 입다
- în vizită 방문하러
- preferat(ă/i/e) 가장 좋아하는
- a pleca(ø) 출발하다
- după amiază 오후에

Capitolul 12

연습문제

1. 그림에 맞는 단어를 쓰세요.

   (1)

   _____

   (2)

   _____

   (3)

   _____

   (4)

   _____

2. 틀린 부분을 찾아 바르게 고치세요.

   (1) Am recomandat te. (내가 너를 추천했다.)

   ▶ _____

   (2) Îți întreabă el. (그가 너에게 묻는다.)

   ▶ _____

   (3) Mă ai condus ieri. (어제 너는 나를 이끌어주었다.)

   ▶ _____

   (4) O am invitat atunci. (그때 나는 그녀를 초대했었다.)

   ▶ _____

   (5) Am vă sunat și ați răspuns. (나는 당신에게 전화했었고 당신은 받았었습니다.)

   ▶ _____

3. 다음 빈칸에 알맞은 인칭대명사를 쓰세요.

   (1) Ai făcut asta pentru _____ ?

   너 그거 날 위해 한 거야?

   (2) Am fost fericit pentru că am mers cu _____ .

   너랑 같이 가서 (나는) 행복했어.

   (3) Hai să mergem acasă la _____ !

   우리 그의 집으로 가자!

   (4) Este făcută de _____ .

   이건 그녀가 만든 거야.

   (5) Mergem spre _____ acum.

   지금 그들을 향해 간다.

4. 이야기를 듣고 질문에 답하세요.   MP3 12-3

   (1) 두 사람의 나이 차이는 몇 살인가요?

   ▶ _____

   (2) 남자의 취미는 무엇인가요?

   ▶ _____

루마니아의 연애와 결혼 문화

루마니아의 연애, 결혼 문화에서 주목할 부분은 '가장'을 담당하는 성의 비율이라 할 수 있습니다. 한국에서는 (그 비율이 많이 바뀌기는 했지만) 주로 남성이 가장인 경우가 많습니다. 그러나, 루마니아에서는 그 비율이 남녀가 비슷하거나 '여성'이 좀 더 많은 것이 특징입니다.

실제로 루마니아 가정을 방문해 보면 여성의 영향력이 남성 못지않게 큰 것을 느낄 수 있을 것입니다. 돈을 관리하는 역할은 보통 여자가 담당하며 식료품을 사서 요리하는 등의 역할도 여자가 담당하는 것이 보통입니다.

이러한 집안 분위기와 구조는 아이들의 생각에도 영향을 미치고 이는 연애 문화에도 영향을 주게 됩니다. 남녀간의 고백은 대부분 남자가 하는 게 자연스럽다고 생각하는 한국과 달리, 루마니아에서는 여자들이 고백하는 비율이 꽤 높습니다. 뿐만 아니라 연애하면서 음식점을 고르는 등의 사사로운 결정이나 데이트 비용의 계산 등도 여자가 주도적으로 이끄는 경우가 많습니다. 만약 한국처럼 남자가 다 하려는 모습을 보이면 오히려 여자가 언짢아 할 수도 있습니다.

루마니아 전통 복장의 신랑 신부

루마니아는 결혼식에서도 상당히 독특한 특징을 보입니다. 한국의 결혼식은 대개 짧으면 30분, 길어야 2시간 안에 끝나는 경우가 많고 식이 끝나면 지인들과 식사를 하며 담소를 나누다 헤어지게 됩니다. 하지만 루마니아의 결혼식은 보통 이틀에 걸쳐 진행되며 특히 첫째 날 저녁부터 새벽까지 술과 음식, 춤을 즐기며 밤을 새우기도 합니다. 그 후 가족들끼리 이튿날 아침 행사를 마친 뒤 점심부터 또 다시 술과 음식, 춤을 즐깁니다.

또 한 가지 특징은 한국에서는 주로 지인들이 축가를 불러주는 경우가 많지만, 루마니아에서는 주로 전문 가수를 초빙하기 때문에 이 부분에서 가장 큰 비용이 지출되곤 합니다. 노래는 보통 루마니아 전통 음악 또는 전통 리듬이 가미된 음악이 주를 이루기 때문에 혹시라도 루마니아 결혼식에 갈 예정이라면 미리 루마니아 전통 춤의 기본 동작을 익히고 가는 것이 좋습니다.

축의금 문화는 한국과 비슷하게 지위나 친분에 따라 금액을 다양하게 내지만 루마니아의 경우 그 금액이 100유로 내외부터 시작한다는 점에서 차이를 보입니다.

Capitolul
13

Cred că am răcit rău.

심각하게 감기에 걸린 것 같아요.

주요 문법

- 여격 인칭대명사 강세형
- 의견 표현하기
- 비교급, 최상급

어휘 및 표현

몸, 신체 Corpul uman 🔊 MP3 13-1

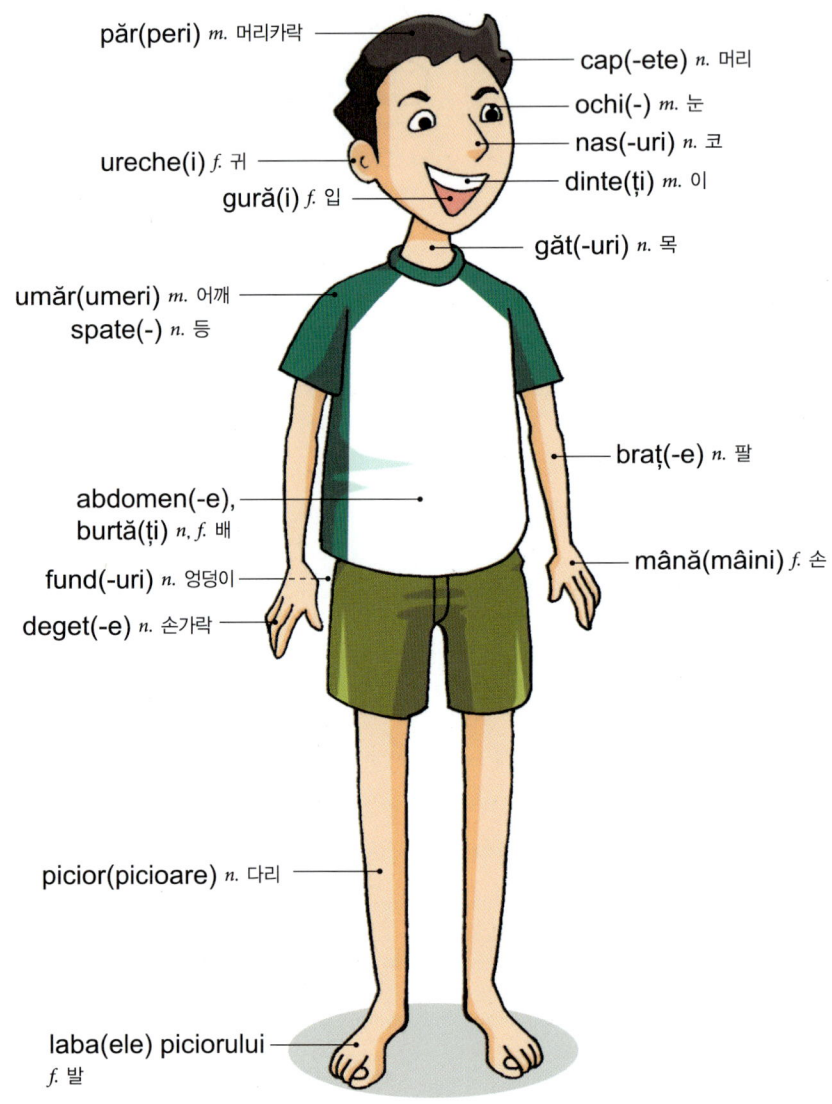

- păr(peri) *m.* 머리카락
- cap(-ete) *n.* 머리
- ochi(-) *m.* 눈
- nas(-uri) *n.* 코
- ureche(i) *f.* 귀
- dinte(ți) *m.* 이
- gură(i) *f.* 입
- gât(-uri) *n.* 목
- umăr(umeri) *m.* 어깨
- spate(-) *n.* 등
- brat(-e) *n.* 팔
- abdomen(-e), burtă(ți) *n, f.* 배
- mână(mâini) *f.* 손
- fund(-uri) *n.* 엉덩이
- deget(-e) *n.* 손가락
- picior(picioare) *n.* 다리
- laba(ele) piciorului *f.* 발

약국, 병 Farmacie și boală

a avea durere de spate
허리(등)가 아프다

Mă doare spatele.
(나는) 허리가 아파요.

a avea febră
열이 나다

Am febră.
(나는) 열이 나요.

a avea durere de măsea
이(어금니)가 아프다

Mă doare măseaua.
(나는) 이(어금니)가 아파요.

a avea pojar
홍역을 앓다

Am pojar.
(나는) 홍역을 앓고 있어요.

a se tăia
～을/를 베다

M-am tăiat (la deget).
(나는 손가락을) 베였어요.

a avea o vânătaie
멍이 들다

Am o vânătaie (la ochi).
(나는 눈에) 멍이 들었어요.

a-i fi frig
(몸이) 춥다

Îmi este frig.
(나는) 몸이 추워요.

a avea durere de cap
머리가 아프다

Mă doare capul.
(나는) 머리가 아파요.

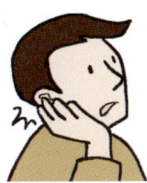

a avea durere de ureche
귀가 아프다

Mă doare urechea.
(나는) 귀가 아파요.

a avea frisoane
몸을 떨다

Am frisoane.
(나는) 몸을 떨어요. (오한)

a avea gripă
독감에 걸리다

Am gripă.
(나는) 독감에 걸렸어요.

a tuși
기침을 하다

Tușesc (mult).
(나는) 기침을 (많이) 해요.

a-i curge nasul
콧물이 나다

Îmi curge nasul.
(나는) 콧물이 나요.

a avea durere în gât
목이 아프다

Mă doare gâtul.
(나는) 목이 아파요.

a avea durere de burtă
배가 아프다

Mă doare burta.
(나는) 배가 아파요.

a avea mâna ruptă
팔이 부러지다

Am mâna ruptă.
(나는) 팔이 부러졌어요.

Capitolul 13

문법

A 여격 인칭대명사 강세형 (mie/ție)

단수			복수		
1인칭	2인칭	3인칭	4인칭	5인칭	6인칭
mie	ție	lui/ei	nouă	vouă	lor

여격 인칭대명사 강세형은 다음과 같은 경우에 사용할 수 있습니다.

① 의미를 강조하기 위해 여격 인칭대명사 앞에 강세형을 추가할 수 있습니다.

Mie îmi place asta. (다른 누구도 아닌) 내가 이것을 좋아한다.
Ție îți este foame sau nu? 너 배고픈 거야 아니야?
Lui/Ei îi este sete acum. 그/그녀는 지금 목이 말라요.
Vouă vă este rușine. 당신들은 부끄러워합니다(창피해합니다).

② 여격 인칭대명사를 사용한 질문에 강세형만으로 간단하게 답할 수 있습니다.

A: Îți este sete, nu? 너 목마르지, 안 그래?   B: Mie? 내가?
A: Cui îi place asta? 이거 누가 좋아해?   B: Lui! 그(남자)요!

③ 전치사 뒤에 쓰여 구문처럼 쓰이기도 합니다.

Datorită ție, am luat examenul. 네 덕분에 시험에 합격했어.

B 의견 표현하기 (a crede 동사 + că ~ : ~라고 생각한다, ~인 것 같다)

의견을 말할 때는 'a crede(ø) 동사 + că + (주어) + 동사'의 형태를 씁니다. 이때 a crede 동사는 시제와 인칭에 따라 형태가 변합니다. a crede 동사의 인칭변화는 다음과 같습니다.

단수			복수		
1인칭	2인칭	3인칭	4인칭	5인칭	6인칭
cred	crezi	crede	credem	credeți	cred

Cred că florile sunt frumoase. (나는) 그 꽃들이 아름다운 것 같다.

단어 rușine 부끄러움   datorită ~ 덕분에   cui 누구에게

El crede că pot să fac asta. 그는 내가 이걸 할 수 있을 거라 생각한다.
Credem că florile sunt frumoase. 우리는 그 꽃들이 아름답다고 생각해요.

a crede 동사의 과거분사 형태는 crezut 입니다.

Am crezut că pixul a fost scump. 난 그 펜이 비쌌다고 생각했다.

C 비교/최상급(mai~ decât - / cel mai ~ : –보다 더~/가장 ~)

비교급은 두 개의 대상을 비교하여 말하는 표현입니다.

열등비교	A가 B보다 덜 ~하다	A este mai puțin ~ decât B
우등비교	A가 B보다 더 ~하다	A este mai ~ decât B
동등비교	A는 B만큼 ~하다	A este la fel de ~ ca B

o casă mai mare 더 큰 집   o geantă mai mică și drăguță 더 작고 귀여운 가방

Acel oraș este mai mare decât New York. 저 도시는 뉴욕보다 더 크다.
Această băutură are mai puțin alcool decât vinul roșu. 이 술은 레드 와인보다 (도수가) 덜 세다.
Această limbă este la fel de frumoasă ca româna. 이 언어는 루마니아어만큼 아름답다.

최상급은 '제일 ~하다'라는 표현으로, 수식하는 명사의 성과 수에 따라 형용사 앞에 다음과 같은 표현을 붙입니다.

	남성	여성
단수	cel mai	cea mai
복수	cei mai	cele mai

cel mai rău caz 제일 나쁜 경우   cea mai mare notă 제일 높은 점수
cei mai mici pantofi 제일 작은 구두들   cele mai mari genți 제일 큰 가방들

Cred că acei munți sunt cei mai înalți din lume!
내 생각에 이 산들이 세계에서 가장 높은 것 같아!

단어 mai 더   mai puțin 덜   decât ~보다   la fel(=tot așa) 같은   vin(-uri) roșu(i) 레드 와인   caz(-uri) n. 경우

Capitolul 13   137

대화와 이야기

Marina	Unde te doare?
Jihu	Cred că sunt răcit. Tușesc și mă doare gâtul. Mă doare și capul. Trebuie să merg la farmacie?
Marina	Poți să bei ceai de ceapă cu lămâie.
Jihu	Ceai de ceapă cu lămâie?
Marina	Da. În România, bem acest ceai atunci când suntem răciți.
Jihu	Mersi. Cred că ceaiul este mai bun decât medicamentele.

해석

마리나: 어디 아파?
지후: 감기 걸린 것 같아. 기침하고 목이 아프네. 머리도 아프고. 약국에 가야 되나?
마리나: 양파 레몬차를 마실 수도 있어.
지후: 양파 레몬차?
마리나: 응. 루마니아에서는 감기에 걸리면 그걸 마셔.
지후: 고마워. 약보다 차가 더 좋은 것 같아.

새단어

- a fi răcit 감기에 걸리다
- ceai(-uri) de ceapă 양파차
- medicament(-e) n. 약
- farmacie(i) f. 약국
- atunci când ~(할) 때

Românii folosesc masajul cu oțet fierbinte atunci când fac febră. De asemenea, beau ceai de ceapă și fac baie cu sare. În loc de medicamente, părinții cred că este mai eficient. Pentru că nu-mi place spitalul, îmi place ceaiul mai mult decât medicamentele.

루마니아 사람들은 열이 날 때 뜨거운 식초로 마사지를 해요. 또한, 양파차를 마시고 소금물로 목욕을 해요. 약 대신에, 부모님들은 이것들이 더 효과적이라고 생각해요. 저는 병원을 싫어하기 때문에 약보다 차를 더 좋아해요.

Vouă vă plac pisicile? Mie îmi plac cel mai mult pisicile. Eu cred că pisicile sunt cele mai jucăușe animale. Când sunt deprimată, dacă mă joc cu pisicile devin bucuroasă. Sunt fericită atunci când sunt cu ele.

여러분은 고양이를 좋아하나요? 저는 동물 중에서 고양이를 제일 좋아해요. 저는 고양이들이 제일 잘 노는 동물이라고 생각해요. 기분이 우울할 때, 고양이들과 놀면 기뻐져요. 그것들과 있을 때 행복해요.

새단어

- a folosi(esc) 사용하다
- masaj(-e) *n.* 마사지
- oțet(-uri) *n.* 식초
- fierbint(ă/i/e) 뜨거운
- baie(băi) *f.* 목욕
- a face baie 목욕을 하다
- a bea (불규칙) 마시다
  [beau, bei, bea, bem, beți, beau]
- în loc de 대신에
- eficient(ă/i/e) 효과적인
- jucăuș(ă/i/e) 잘 노는
- a se juca (ø) 놀다(재귀동사, 14과 참고)
- a deveni (ø) 되다
- bucuros(oasă, oși, oase) 기쁜, 기뻐하는
- a fi cu 같이 있다

Capitolul 13

연습문제

1. 다음 괄호 안에 알맞은 말을 고르세요.

(1) (Ție / Lui) îți place mâncarea mea?

(다른 사람이 아닌) 너는 내 음식을 좋아하니?

(2) A: O să-ți zic ceva. 너한테 뭔가 얘기할게.

B: (Mie / Ție)? 나한테?

(3) Totul este datorită (nouă / vouă).

모든 게 다 당신들 덕분입니다.

(4) Mie îmi place, dar nu sunt sigur dacă (lui / ei) îi place.

나는 좋은데, 그녀한테는 잘 모르겠어.

(5) A: Noapte bună! 잘자!

B: Și (ție / lor)! 너도!

2. 다음 빈칸에 a crede 동사와 a avea 조동사의 알맞은 형태를 쓰세요.

(1) _____ că ați răcit rău.

(제 생각엔) 감기에 심하게 걸리신 것 같네요.

(2) Am _____ că ai fost la ea.

난 네가 그녀의 집에 있다고 생각했어.

(3) _____ că o să meargă la spital?

너는 그가 병원에 갈 거 같아?

(4) Așa _____ _____?

너 그렇게 생각했던 거야?

(5) _____ _____ nu am fost bolnavi?

당신들은 우리가 아프지 않았다고 생각하나요?

단어 a nu fi sigur 확실하지 않다   a fi bolnav 아프다, 병에 걸리다

3. 다음 문장을 루마니아어로 쓰세요.

   (1) 난 그렇게 생각하지 않아.
   ▶ _____

   (2) 글쎄, 난 그런 줄 알았어.
   ▶ _____

   (3) 나는 그거 좋은데 너는 아니네.
   ▶ _____

   (4) (다른 누구도 아닌) 우리가 너무 졸리다.
   ▶ _____

4. 그림을 보고 '나'의 상태를 쓰세요.

   | 보기 |

    mă doare burta.

   (1)

   (2)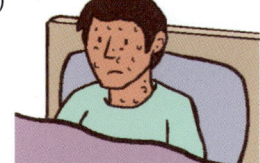

   (3)

   (4)

   (5)

루마니아의 위인들

1. Petrache Poenaru

Petrache Poenaru는 세계 첫 만년필을 발명한 사람입니다. 1799년에 태어나 1826년 파리에서 학생으로 있던 Petrache 는 수많은 메모와 필기에 바쁜 나날을 보내고 있었습니다. 그러던 중 거위의 깃을 잉크 저장 용도로 사용하는 만년필을 발명하게 되었고 이로써 그는 더 이상 펜 잉크에 신경 쓰지 않아도 되었습니다. 1827년 당시 프랑스 정부는 '스스로 잉크를 채우는 끊김 없는 휴대용 펜'이라는 설명과 함께 그의 발명을 인정했습니다. 그 후 수학자, 물리학자, 엔지니어 등으로 활동했던 그는 1975년 76세의 나이로 생을 마감했습니다.

2. Nicolae Constantin Paulescu

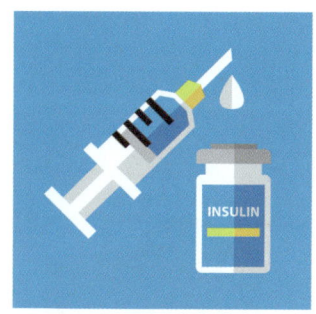

생리학자이자 의학 교수였던 Nicolae는 당뇨병 치료의 핵심 물질인 '인슐린'을 발견했습니다. 그는 어린 시절부터 천재성을 띄었는데, 특히 언어적인 부분에서 루마니아어뿐만 아니라 프랑스어, 라틴어 그리고 고대 그리스어까지 배우고 유창하게 말할 수 있었습니다. 이와 더불어 물리와 화학에도 재능을 보였습니다.

1888년 수도 부쿠레쉬띠에서 고등학교를 졸업한 Nicolae는 프랑스 파리 의과대학으로 유학을 가게 됩니다. 졸업 후 1916년, 마침내 인슐린을 발견하고 추출하는 데 성공합니다. 이는 당시 굉장한 혁신이자 노벨상을 탈 만큼 큰 업적이었지만, '루마니아인'이라는 국제적 지위와 당시 그의 친 유대인적인 태도 등으로 노벨상 수상에서 멀어졌고 결국 Banting이라는 캐나다 사람이 속한 팀에게 그 영예가 돌아가 버렸습니다. 후에 여러 청원을 내보았지만 결국 일부 타인들에게 비공식적 인정을 받는 것에 그치고 말았습니다.

위 두 위인 외에도 1910년 비행기 제트엔진을 개발한 Hanri Marie Coandă, 1941년 인공두뇌학의 초석을 다진 Ștefan Odobleja 등 많은 위인들이 있습니다.

Capitolul

14

Astăzi este ziua de Paște!

오늘은 부활절이에요!

주요 문법

- 재귀태 (1)
- 재귀태 (2)

어휘 및 표현

전통적, 종교적 명절 Sărbători tradiționale și religioase  MP3 **14-1**

Bobotează (1월 6일) 예수님의 세례기념일

Intâmpinarea Domnului (2월 2일) 예수님 환영의 날(사람들에게 처음 나타나신 날)

Dragobete (2월 24일) 사랑의 날 (루마니아의 발렌타인데이)

Mărțisorul (Baba Dochia) (3월 1일) 머르지쇼룰(아가씨들의 날)

Ziua Morților (11월 1일) 망자의 날

Săptămâna Mare (4월 2~7일) 부활절 휴일 전 주

Paște (4월 8~10일) 부활절 휴일

Sfântul Gheorghe (4월 23일) 성인 Gheorghe의 날

Înălțarea Domnului (5월 17일) 예수님이 다시 하늘로 올라가신 날

Sfinții Constantin și Elena (5월 21일) 성인 Constantin과 Elena의 날

Rusalii (6월 4일) 성령강림의 날

Sânziene (6월 24일) 슨지에네 요정의 날

Sfinții Petru și Pavel (6월 29일) 성인 Petru와 Pavel의 날

Sfântul Ilie (7월 20일) 성인 Ilie의 날

Adormirea Maicii Domnului (8월 15일) 마리아의 기일

Nașterea Maicii Domnului (9월 8일) 마리아가 태어난 날

Sfântul Dimitrie (10월 26일) 성인 Dimitrie의 날

Sfântul Andrei (11월 30일) 성인 Andrei의 날

Sfântul Nicolae (12월 6일) 성인 Nicolae의 날

Crăciunul(Nașterea Domnului) (12월 25~27일) 크리스마스 휴일

Sfântul Ștefan (12월 27일) 성인 Ștefan의 날

공휴일 Sărbători legale

Anul Nou (1월 1~2일) 새해

Ziua Unirii Principatelor Române (1월 24일) 독립기념일

Paște (4~5월쯤) 부활절

Ziua Internațională a Muncii (5월 1일) 근로자의 날

Ziua Copilului (6월 1일) 어린이날

Ziua Națională a României (12월 1일) 루마니아의 날

Crăciunul (12월 25일) 크리스마스

종교 Religioase

biserică(i) *f.* 교회	a se ruga (ø) 기도하다
Biblie(i) *f.* 성경책	Dumnezeu 하느님
iertare(tări) *f.* 용서	ortodox(ortodocși) *m.* 정교회
rugăciune(i) *f.* 기도	catolic(-i) *m.* 카톨릭

예절 Bunele maniere

a respecta 존경하다	a avea bune maniere 매너를 갖추다, 매너있게 행동하다
a fi (ne)politicos 예의가 바르다(없다)	a mânca cu gura închisă 입을 열지 않은 채로 먹다(말하면서 먹지 않다)
a fi drăguț (cu alții) (다른 사람들에게) 친절하게 행동하다	a pune mâna la gură (ø) (기침 등을 할 때) 손으로 입을 가리다
a folosi limbaj politicos 존댓말을 쓰다	a se descălța la intrare (ø) 들어오자마자 신발을 벗다

Capitolul 14   145

문법

A 재귀태 (1): (îmi/îți/își)

재귀태는 주어가 자기 자신에게 어떤 행동을 하는 경우에 사용하며, 재귀대명사를 통해 표현합니다. 재귀대명사는 여격과 목적격이 있는데, 먼저 여격을 살펴보겠습니다.
여격 재귀대명사는 3인칭(단수·복수)을 제외하고 여격 인칭대명사와 형태가 같습니다.

1인칭	2인칭	3인칭	4인칭	5인칭	6인칭
îmi	îți	își	ne	vă	își

a aminti(esc) (누군가에게) 기억나게 하다, 상기시키다   a-și aminti(esc) 기억해내다(스스로에게 상기시키다)

(Tu) Îmi amintești evenimentul. 나에게 네가 그 사건을 기억나게 한다.

위 문장과 비교하여 아래 문장들의 의미를 살펴보세요.

(Eu) Îmi amintesc evenimentul.
나에게 내가 그 사건을 기억나게 한다. (나는 그 사건을 기억한다.)

Îți amintești evenimentul.
너에게 네가 그 사건을 기억나게 한다. (너는 그 사건을 기억한다.)

Își amintește evenimentul.
그에게 그가 그 사건을 기억나게 한다. (그는 그 사건을 기억한다.)

Ne amintim evenimentul.
우리에게 우리가 그 사건을 기억나게 한다. (우리는 그 사건을 기억한다.)

Vă amintiți evenimentul.
당신들에게 당신들이 그 사건을 기억나게 한다. (당신들은 그 사건을 기억한다.)

Își amintesc evenimentul.
그들에게 그들이 그 사건을 기억나게 한다. (그들은 그 사건을 기억한다.)

위와 같이 대명사의 인칭과 동사의 인칭이 같은 경우 재귀태를 형성합니다.

단어   a-și aminti 기억하다   eveniment(e) *n.* 이벤트, 행사, 사건

B 재귀태 (2): (mă / te / se ~)

목적격 재귀대명사 또한 3인칭(단수·복수)을 제외하고 목적격 인칭대명사와 형태가 같습니다.

단수			복수		
1인칭	2인칭	3인칭	4인칭	5인칭	6인칭
mă	te	se	ne	vă	se

> a se grăbi(esc) 서두르다 (스스로에게 재촉하다)   a se întreba(ø) 궁금해하다(스스로에게 질문하다)

(Tu) Mă grăbești. 너가 나를 재촉한다.

위 문장과 비교하여 아래 문장들의 의미를 살펴보세요.

Mă grăbesc.
(내가) 나를 재촉한다. (나는 서두른다.)

Se grăbește.
(그가) 그를 재촉한다. (그는 서두른다.)

Vă întrebați cine este ea.
(당신이) 당신을(에게) 그녀가 누군지 물어본다. (당신은 그녀가 누군지 궁금해한다.)

Se întreabă cine este ea.
(그들이) 그들을(에게) 그녀가 누군지 물어본다. (그들은 그녀가 누군지 궁금해한다.)

다음은 자주 쓰이는 재귀동사들입니다.

> a se juca(ø) 놀다   a se relexa(ez) 쉬다   a se bucura(ø) 기뻐하다
> a se simți(ø) 기운이 나다   a se numi(esc)~ ~라 불려지다 a se odihni(esc) 쉬다
> a se mișca(ø) 움직이다   a se întoarce(ø) 돌아오다/돌아가다

대화와 이야기

Marina	Hai repede, Jihu, trebuie să ne grăbim!
Jihu	Unde mergem?
Marina	Astăzi mergem să ne rugăm la biserică.
Jihu	Este o sărbătoare specială?
Marina	Da, este ziua de Paşte!
Jihu	Aaa, am uitat.

해석

마리나: 빨리 (와) 지후야, 우리 서둘러야 해!
지후: 어디 가는데?
마리나: 오늘 기도하러 교회에 가.
지후: (무슨) 특별한 기념일이야?
마리나: 응, 부활절이야!
지후: 아, 깜박했네.

새단어

- hai 어서 (와)
- repede 빨리
- să ne rugăm 기도하러
- sărbătoare(i) f. 기념일
- a uita(ø) 잊다

Părinții mei sunt foarte credincioși. De aceea, merg în fiecare duminică la biserică. Și bunicii noștri sunt credincioși. Ei se roagă pentru sănătatea și fericirea noastră.

우리 부모님은 아주 신실하세요. 그래서, 매주 일요일에 교회에 가세요. 또한 조부모님도 신실하세요. 그들은 우리의 건강과 행복을 위해 기도하세요.

Între Crăciun și Anul Nou, românii merg să colinde la alți oameni acasă. Oamenii le oferă bani, prăjituri și fructe. Colindătorii se bucură mult pentru că pot să răspândească bucurie și fericire. Ei cântă despre Iisus Hristos.

크리스마스와 새해 사이에, 루마니아 사람들은 다른 사람 집에 캐롤을 부르러 가요. 사람들은 그들에게 돈, 케이크 그리고 과일을 줘요. 캐롤을 부르는 사람들은 기쁨과 행복을 퍼뜨릴 수 있어서(있다 생각하여) 기뻐해요. 그들은 예수 그리스도에 대해 노래를 해요.

새단어

- credincios(oasă, și, oase) 신실한
- fericire(i) *f.* 행복
- a colinda(ø) 캐롤 등을 부르다
- alt(ă/ți/te) 다른
- să colinde 캐롤을 부르러
- a oferi(ø) 제공하다
- colindător(-i) *m.* 캐롤 등을 부르는 사람
- a se bucura(ø) 기뻐하다
- bucurie(i) *f.* 기쁨
- a răspândi(esc) 퍼뜨리다
- Iisus Hristos *m.* 예수 그리스도

Capitolul 14

연습문제

1. 다음 괄호 안에 알맞은 단어를 고르세요.

   (1) (Îl / Ne) întrebăm despre România.
   우리는 그에게 루마니아에 대해 물어본다.

   (2) (Se / Îl) întreabă cum am reușit.
   그는 내가 어떻게 성공했는지 궁금해한다.

   (3) Acum (îmi / îți) amintești cât a costat!
   너 이제야 얼마였는지 기억하는구나!

   (4) (Noi) Nu (ne / vă) amintim acest lucru.
   우리는 당신에게 그걸 상기시키는 게 아니에요.

2. 다음 빈칸에 알맞은 단어를 쓰세요.

   (1) Trebuie să _____ întoarcem repede!
   우리 빨리 돌아가야 해!

   (2) Am vrut să _____ prezint.
   난 그녀를 소개하고 싶었어.

   (3) _____ bucurăm sincer! Ce bine!
   (우리는) 정말 기쁘다! 이렇게 좋을 수가!

   (4) _____ numește așa simplu?
   그렇게 간단하게 불린다고?

   (5) _____ întrebăm ce s-a întâmplat.
   우린 무슨 일이 일어났었는지 궁금해.

단어 a se întoarce(ø) 돌아가다, 돌아오다   a se întâmpla(ø) 일어나다

3. 다음 문장을 한국어는 루마니아어로, 루마니아어는 한국어로 쓰세요.

(1) 우리 (스스로) 여기서 좀 쉬자.
▶ _____

(2) (당신) 이제 기억하실 수 있겠어요?
▶ _____

(3) 아니요, 제게 다시 상기시켜 주세요.
▶ _____

(4) Mă bucur mult pentru că am auzit așa!
▶ _____

(5) Nu mai mă întreb despre el.
▶ _____

4. 이야기를 듣고 빈칸을 채우세요.

De Paște, românii merg la _____ și se _____ mult. Timp de 6 săptămâni, ei nu mănâncă _____, _____ și _____, nu gândesc răi despre _____ _____ și încearcă să fie _____ _____. De asemenea, ei colorează _____ de culoare _____, pregătesc carne de _____ și sărbătoresc învierea lui Iisus.

단어 ou(-ă) *n.* 계란   persoană(e) *f.* 사람   rău 나쁘게   a încerca(ø) 노력하다, 해보다   de asemenea 그리고   a colora(ez) 칠하다
carne de miel 어린 양고기   moarte(ți) *f.* 죽음   înviere(i) *f.* 부활(재림)   Iisus 예수

루마니아의 예절

● 인사할 때

루마니아 사람들은 처음 만나 인사할 때 다소 공적인 모습을 보입니다. 서로의 눈을 직접 보면서 악수를 나누고 이름을 말합니다. 때때로, 중·장년층의 경우 남자가 여자의 손등에 키스를 하며 인사하기도 합니다. 가까운 친구들끼리는 서로 안아주고 볼에 뽀뽀를 하기도 합니다. 그래서 만약 루마니아 사람에게 이러한 뽀뽀를 받으면 그분들이 여러분을 친한 사람이라고 생각한다고 여겨도 괜찮습니다. 참고로 인사할 때 멀리서부터 상대의 이름을 너무 크게 부르는 것은 좋아하지 않으니 손을 흔들어 주는 것으로 대신하는 것이 좋습니다.

● 이름을 말할 때

처음 만났거나 지위가 높은 사람에게는 이름 앞에 Domnul/Doamna(남/여)를 붙여서 부르는 것이 좋습니다. 나이가 어린 여성에게는 Domnişoara를 붙여 부르면 좋습니다. 친하거나 가까운 사람, 가족끼리는 따로 뭔가를 붙이지 않고 이름을 부릅니다.

● 식사할 때, 선물 받을 때

공적인 자리에서 식사를 하는 경우가 있는데, 그럴 경우 5분 정도 늦는 것은 괜찮다고 생각하는 루마니아인들이 종종 있기에 참고하는 것이 좋습니다. 또한 신발을 벗어야 하는 식당은 불편해 하는 것이 일반적입니다. 식사를 하기 전에 "맛있게 드세요"에 해당하는 "Poftă bună"를 말해준다면 좋은 인상을 얻을 수 있습니다. 종업원이 먼저 이 말을 하기 전에는 테이블에 냅킨을 놓아두는 것이 일반적이며 배가 불러 음식을 더 이상 먹기가 어려울 때는 무작정 음식을 거절하기 보다 배가 부르다고 이야기를 하는 것이 좋습니다. "저는 배가 부릅니다"는 "Sunt plin"이라고 합니다.

루마니아 사람들은 선물을 주고 받는 것을 좋아합니다. 루마니아에서는 선물을 받으면 나중에 열어보기 보다 받은 자리에서 열어보는 것을 더 좋아하는 편입니다. 참고로 꽃을 줄 때 짝수로 주는 것은 망자에게 주는 형식이니 주의해야 합니다.

Capitolul
15

Acasă și la firmă

집과 회사에서

주요 문법
- 감탄 표현
- 소유 표현 (2)
- 명령 표현

어휘 및 표현

집 casă

 MP3 15-1

casă(e) la curte	f. 주택	cameră(e) de zi	f. 거실
apartament(-e)	n. 아파트	sufragerie(i)	f. 다이닝룸(식사 공간)
cameră(e) de cămin	f. 기숙사 방	baie(băi)	f. 화장실, 목욕실
garsonieră(e)	f. 원룸	hol(-uri)	n. 복도
dormitor(toare)	n. 침실	grădină(i)	f. 정원
bucătărie(i)	f. 부엌	uşă(i)	f. 문

주방, 화장실 bucătărie, baie

castron(roane)	n. 그릇	şampon(poane)	n. 샴푸
farfurie(i)	f. 접시	balsam(-e) de păr	n. 린스
furculiţă(e)	f. 포크	periuţă(e) de dinţi	f. 칫솔
cuţit(-e)	n. 칼	pastă(e) de dinţi	f. 치약
lingură(i)	f. 숟가락	prosop(prosoape)	n. 수건
oglindă(oglinzi)	f. 거울	pernă(e)	f. 베개
hărtie(i) igienică(e)	f. 화장지	pilotă(e)	f. 이불
săpun(-uri)	n. 비누	cuier(-e)	n. 옷걸이
gel(-uri) de duş	n. 바디샤워	perdea(ele)	f. 커튼

가구, 가전 mobilier, aparatură electrocasnică

masă(mese)	f. 탁자	televizor(zoare)	n. 텔레비전
pat(-uri)	n. 침대	aer(-e) condiționat(-e)	n. 에어컨
birou(-ri)	n. 책상	telecomandă(menzi)	f. 리모컨
bibliotecă(i)	f. 책장	frigider(-e)	n. 냉장고
scaun(-e)	n. 의자	congelator(oare)	n. 냉동실
șifonier(-e)	n. 옷장	aragaz(-e)	n. 가스레인지
canapea(canapele)	f. 소파	cuptor(oare)	n. 오븐

회사 firmă, muncă

firmă(e)	f. 회사	fax(-uri)	n. 팩스
șef(-i)/ă(e)	사장/사모	sertar(-e)	n. 서랍
birou(-ri)	n. 사무실, 책상	dulap(-uri)	n. 책장
a se angaja la o firmă (ez)	취직하다	agendă(e)	f. 수첩
a începe lucrul/munca (ø)	출근하다	ecuson(soane)	n. 명찰
a termina lucrul/munca (ø)	퇴근하다	dosar(-e)	n. 파일
a munci, a lucra (esc) (ez)	일하다	coș(-uri) de gunoi	n. 쓰레기통
coleg(-i)/ă(e) [de muncă]	(회사) 동료	ședință(e)	f. 회의
calculator(oare)	n. 컴퓨터	document(-e)	n. 서류
copiator(oare)	n. 복사기	email(-uri)	n. 이메일
imprimantă(e)	f. 프린터	prezentare(tări)	f. 발표

Capitolul 15

문법

A 감탄 표현(Ce ~ : 정말 ~ 하네!)

'놀람'이나 '감탄'의 표현을 루마니아어로 어떻게 하는지 살펴보겠습니다.

Îmi place asta. 나는 이게 좋아.
Îmi place asta! 나는 이게 좋아!
Mi-e foame. 나 배고파.
Mi-e foame (rău)! 나 (정말) 배고파!
Ce frumoasă (este)! 정말 아름답다!
Ce rapid (este)! 정말 빠르다!
Ce mulți (sunt)! 정말 많이 있다!(저렇게 많을 수가!)
Ce departe este acolo! 저기 정말 멀다! (저렇게 멀 수가!)

위와 같이 평서문에 느낌표(!)를 붙이거나 'Ce + 형용사/부사' 형식을 사용하여 간단하게 감탄 표현을 할 수 있습니다.

B 소유 표현 (2)

앞에서 배운 인칭대명사의 소유격이나 소유형용사를 사용한 소유 표현 외에 명사의 소유격을 나타내는 방법을 알아보겠습니다. 명사의 소유격은 명사의 성과 수에 따라 명사 앞이나 뒤에 다음과 같은 어미를 붙여 나타냅니다.

남성 단수	여성 단수	복수(남, 여)
-lui/lui -	-ei	-lor

보통, 남성 명사는 단어의 끝에 -lui(발음 편의상 때로는 -ului)를 붙이고, 이름과 같은 고유명사는 명사의 앞에 lui를 씁니다. 여성 명사(단수)는 끝에 a를 삭제하고 -ei를 붙입니다.

Mătușa este sora mamei. 이모는 어머니의 언니(여동생)예요.
Unchiul este fratele părinților. 삼촌은 부모님의 형제예요.

단어 rapid(ă, zi, de) 빠른   departe(변화 없음) 먼

Verişorul este fiul unchiu<u>lui</u>. 사촌은 삼촌<u>의</u> 아들이에요.
El este fiul <u>lui</u> Andrei. 그는 Andrei<u>의</u> 아들이에요.

C 명령 표현(Vino aici! = 이리 와!)

루마니아어의 명령 표현도 한국어처럼 존댓말과 반말 두 가지가 있습니다.
존댓말은 동사의 2인칭 현재형 복수 형태를 사용하고, 반말은 2인칭 또는 3인칭 현재형 단수 형태를 사용합니다. '~하지 마라'의 부정 형태는 존댓말은 'nu + 2인칭 복수 형태', 반말은 'nu + 동사의 원형'을 사용합니다.

존댓말	반말	
	3인칭	2인칭
Veniți! 오세요!	Atunci bea apă! 그럼 물을 마셔!	Stai acolo! 거기 있어!
Așteptați-mă! 저를 기다리세요!	Învață! 공부해!	Vezi acolo! 저기를 봐!
Stați acolo! 거기 계세요!	Așteaptă-mă! 나를 기다려!	Ai grijă! 조심해!
Priviți! 보세요!	Mănâncă mult! 많이 먹어!	Fii deștept! 똑똑해져라! (머리 좀 써라!)
Fiți atent! 조심하세요!	Nu mânca mult! 많이 먹지 마!	Nu fi supărat! 화내지 마!

명령 표현은 보통 2인칭(너)을 대상으로 하는 경우가 일반적이라고 생각하기 쉽지만 루마니아어의 경우 3인칭 형태를 명령 표현에 더 자주 사용합니다.

잠깐 불규칙 형태를 사용하는 동사도 있습니다.

Vino! 와라! (오다 a veni) Fă! 해라! (하다 a face) Zi! 말해라! (말하다 a zice)

단어 a privi(esc) (의식적으로) 보다 atent(ă/ți/e) 조심하는, 주의하는 grijă(i) f. 주의 supărat(ă/ți/te) 화난

대화와 이야기

MP3 15-2

Marina	Aceasta este firma unchiului Cosmin. Hai să intrăm!
Jihu	Uau, ce mare este clădirea!
Marina	Da. Aici lucrează unchiul meu.
Jihu	Bună ziua!
Unchiul Cosmin	Bună ziua! Bine ați venit! Intrați!
Jihu	Este frumos biroul. Aveți și calculatoare performante! La ce oră terminați munca?
Unchiul Cosmin	O să termin în curând. Hai să luăm masa împreună!

해석

마리나: 이곳은 코스민 삼촌의 회사야. 들어가자!
지후: 우와, 건물이 진짜 크네!
마리나: 응. 여기서 삼촌이 일하셔.
지후: 안녕하세요?
삼촌: 안녕하세요! 어서 오세요! 들어오세요!
지후: 사무실이 예쁘네요. 최신 컴퓨터들도 있네요! 몇 시에 퇴근하세요?
삼촌: 곧 퇴근이네요. 같이 식사합시다!

새단어

□ clădire(i) *f.* 건물

Camera mea este mică. Am un pat, un birou și un dulap. În cameră am perdea albă, ghiveci de flori și o fotografie de familie. Ce mult îmi place camera mea!

내 방은 작아요. 침대, 책상과 옷장이 있어요. 방에는 하얀 얇은 커튼, 꽃 화분, 그리고 가족 사진 하나가 있어요. 내 방이 너무 좋아요!

În baia de la școală avem spațiu să facem duș. Acolo putem să găsim șampon, gel de duș, săpun și prosop. În clasă avem aer condiționat și perdele colorate. Ce frumoasă este școala mea!

학교 화장실에는 샤워할 공간이 있어요. 거기엔 샴푸, 샤워 젤, 비누와 수건이 있어요. 교실에는 에어컨과 여러 색의 얇은 커튼이 있어요. 우리 학교는 너무 예뻐요!

새단어

- □ fotografie(i) de familie *f.* 가족 사진
- □ spațiu(i) *n.* 공간
- □ a face duș 샤워를 하다
- □ ce mult 얼마나 많이

Capitolul 15   **159**

연습문제

1. 그림에 알맞은 단어를 고르세요.

보기	apartament	bucătărie	hârtie igienică	pat
	perdea	șampon	săpun	prosop

(1)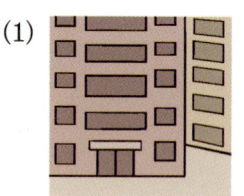

(2)

(3)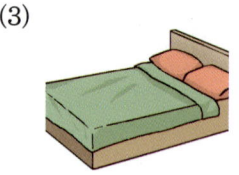

(4)

(5)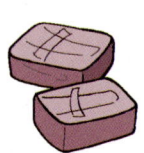

(6)

(7)

(8)

_____

2. 다음 빈칸에 알맞은 단어를 쓰세요.

(1) _____ șocant! 정말 충격적이야!

(2) _____ ieftini sunt! 이것들 정말 싸다!

(3) Ea este fiica _____ Marius. 그녀는 Marius의 딸이다.

(4) _____ _____ 저렇게 밝을 수가! (남성 복수 물체들)

(5) _____ _____ 정말 착하구나! (여성 단수)

단어 amabil(ă,i,e) 착한

3. 다음 중 틀린 문장을 모두 고르세요.

　① Mama tale este frumoasă.
　② Ce frumoasă (este)!
　③ Ce rapid (este) acest tren!
　④ Andrei este fratele Mihailui.
　⑤ Ei sunt frații părinților mei.

4. 다음 중 틀린 문장을 고르세요.

　① Nu stați acolo!
　② Dacă este bine, nu avem probleme.
　③ Nu mănâncă asta!
　④ Fii atent!
　⑤ Stai liniștit! Totul este bine.

5. 빈칸에 알맞은 단어를 쓰세요.

　(1) ＿＿＿＿＿＿ ceva, te rog. 뭔가 좀 먹으렴.
　(2) ＿＿＿＿＿＿ aici și ＿＿＿＿＿＿, vă rog. 여기 오셔서 저희 좀 기다려 주세요.
　(3) ＿＿＿＿＿＿ acolo! ＿＿＿＿＿＿ ＿＿＿＿＿＿! 거기 있어! 오지 마!
　(4) N-am știut! ＿＿＿＿＿＿-mi în detalii. 난 몰랐어! 나한테 자세히 말해봐.
　(5) ＿＿＿＿＿＿ ＿＿＿＿＿＿ acel lapte! 그 우유 마시지 마!

단어 șocant(ă/ți/te) 충격적인　în detalii 자세히

비즈니스 예절

루마니아인들도 한국인들처럼 비즈니스 등의 공적인 자리에서 서로를 존경하고 예의를 갖춥니다. 대부분의 루마니아인들은 직장 동료들과 친구가 되고 싶어하는 경향이 있어서 직장 내 유연한 분위기를 선호합니다. 또한 사적으로 커피나 밥을 같이 하는 경우도 많습니다. 그러니 루마니아 회사 동료들과 친해지고 싶다면 사무실 안에서뿐만 아니라 밖에서도 다양한 활동을 시도해 보는 것이 좋습니다.

루마니아인들에게 부활절 연휴나 크리스마스 전후 약 2주 동안은 '일하는 기간'이 아닌 '가족과 시간을 보내는 기간'이라는 인식이 강하기 때문에 사업을 하거나 고용을 하려고 할 때 참고하는 게 좋습니다.

한국인들이 (특히 비공식적인 상황에서) 헤어질 때 자주 하는 인사말인 "다음에 또 만나자", "다음에 밥 한 번 먹자"와 같은 형식적인 말을 루마니아인들에게 할 때는 신중하게 하는 것이 좋습니다. 만약 이야기를 했다면 가급적 지키기를 권유드립니다.

루마니아인들은 협상을 좋아하고 일반적으로 협상에 능한 면이 있습니다. 명함 교환은 처음 소개를 할 때 하는 것이 좋으며, 특별히 상대가 먼저 벗거나 괜찮다고 하기 전에는 (너무 두껍지 않다면) 정장 재킷 등 겉옷을 먼저 벗지 않는 것이 좋습니다. 또한, 프레젠테이션을 진행 할 때 등 여러 가지 상황에서 루마니아어로 통역을 제공한다면 그 성의에 감사함을 느껴 협상 전체에 긍정적인 영향을 줄 것입니다.

연습문제 정답

연습문제 정답

Capitolul 01

2. (1) râu (2) vin (3) bat (4) chem
   (5) sun (6) mână (7) zar (8) cură
   (9) fin (10) rută (11) șoc (12) unghi
   (13) păr (14) dată (15) pun (16) rege

3. (1) 남성 (2) 여성 (3) 여성 (4) 중성 (5) 중성

4. (1) prieteni (2) prietene
   (3) genți (4) muzee
   (5) trenuri

5. (1) X (studenți) (2) O (3) O (4) O
   (5) X (telefoane) (6) O (7) O
   (8) X (prietene) (9) O (10) O

Capitolul 02

1. (1) Bună dimineața.
   (2) Bună seara.
   (3) Îmi pare bine (de cunoștință).
   (4) Sărut mâna.
   (5) O zi bună.

2. (1) român 루마니아 남자 (2) coreeancă 한국 여자
   (3) indian 인도 남자 (4) rus 러시아 남자
   (5) braziliancă 브라질 여자

3. (1) El (2) Noi (3) Ea (4) Tu

4. (1) am (2) ai (3) este (4) avem
   (5) sunteți (6) sunt

Capitolul 03

1. (1) douăzeci (2) optsprezece
   (3) patru (4) opt
   (5) treizeci (6) zece
   (7) patruzeci și cinci
   ① 나는 20권의 책이 있다.
   ② 그녀는 18권의 공책을 가지고 있다.
   ③ 그는 4개의 컴퓨터가 있다.
   ④ 마리나는 양말 8켤레를 가지고 있다.
   ⑤ 미하이는 운동화 30켤레를 가지고 있다.
   ⑥ 제오르제는 집이 10채 있다.
   ⑦ 팅카는 45자루의 연필이 있다.

2. (1) Eu sunt Kim Sera.
   (2) Alina este o fată deșteaptă.
   (3) Câți ani ai(aveți)?
   (4) Studenta studiază limba coreeană și limba română.
   (5) Noi vorbim în limba română.

3.

	1인칭	2인칭	3인칭	4인칭	5인칭	6인칭
a chema(ø)	chem	chemi	cheamă	chemăm	chemați	cheamă
a studia(ez)	studiez	studiezi	studiază	studiem	studiați	studiază
a întreba(ø)	întreb	întrebi	întreabă	întrebăm	întrebați	întreabă
a fugi(ø)	fug	fugi	fuge	fugim	fugiți	fug
a citi(esc)	citesc	citești	citește	citim	citiți	citesc
a fi (불규칙)	sunt	ești	este	suntem	sunteți	sunt
a avea (불규칙)	am	ai	are	avem	aveți	au

4. (1) nouă (2) largă (3) bun (4) mică
   (5) simplă

Capitolul 04

1. (1) senin 맑은 (2) ceață 안개
   (3) călduț 따뜻한 (4) a bate vântul 바람이 불다
   (5) răcoros 시원한 (6) înnorat 흐린

2.

	1인칭	2인칭	3인칭	4인칭	5인칭	6인칭
a vrea (ø)	vreau	vrei	vrea	vrem	vreți	vor
a înțelege (ø)	înțeleg	înțelegi	înțelege	înțelegem	înțelegeți	înțeleg
a hotărî (ăsc)	hotărăsc	hotărăști	hotărăște	hotărâm	hotărâți	hotărăsc
a merge (ø)	merg	mergi	merge	mergem	mergeți	merg

3. (1) mare (2) cumsecade (3) cuminte
   (4) mici (5) dulce

4. (1) Hai să hotărâm azi!
   (2) Hai să mergem repede!
   (3) Hai să mâncăm sănătos!
   (4) Haideți să dormim!
   (5) Haideți să coborâm acum!

Capitolul 05

1. (1) a pierde trenul 기차를 놓치다
   (2) a valida cardul de transport 교통카드를 대다
   (3) a aștepta autobuzul 버스를 기다리다
   (4) a coborî din autobuz 버스에서 내리다
   (5) a se pierde 길을 잃어버리다
   (6) a lua avionul 비행기를 타다
   (7) a lua taxiul 택시를 타다

2. (1) un om / omul
   (2) niște munți / munții
   (3) un câine / câinele
   (4) o pisică / pisica
   (5) un copac / copacul
   (6) o vacă / vaca

3. (1) 오늘 친구들하고 카페에 가야 돼요.
   (2) 주말에 회사에 가요.
   (3) 주말에 많은 사람들이 극장에 가요.
   (4) 엄마는 시장에서 야채하고 과일을 사요.
   (5) 그 친구는 대사관에 혼자 갈 수 있어요.

4. [MP3 05-3]
   W: Bună dimineața.
   M: Bună dimineața. Nu am card de transport. Cum pot să fac un card?
   W: Puteți să cumpărați un card nou de aici.
   M: Mulțumesc.

   W: 안녕하세요.
   M: 안녕하세요. (저는) 교통카드가 없어요. 어떻게 카드를 만들어요?
   W: 새 카드를 여기서 살 수 있어요.
   M: 감사합니다.

   (1) 교통카드가 없다.
   (2) 매표소 (la ghișeu)

Capitolul 06

1. (1) copac 나무 (2) trandafir 장미
   (3) gazon 잔디 (4) frunză 잎
   (5) pisică 고양이 (6) câine 개
   (7) găină 닭 (8) urs 곰

2. (1) acele (2) repede (3) știi
   (4) această (5) încet

3. (1) Știu să gătesc.
      Vreau să gătesc (asta). [asta: 이것]
   (2) Știu să dansez.
      Vreau să dansez (azi). [azi: 오늘]
   (3) Știu să pescuiesc.
      Vreau să pescuiesc (pește). [pește: 물고기]
   (4) Știu să mă joc pe calculator.
      Vreau să mă joc pe calculator.

4. [MP3 06-3]
   Jihu: Marina, cum este la bunici la țară?
   Marina: Aerul este curat și poți să simți natura.
   Jihu: Ce animale crește bunica ta?
   Marina: La țară avem o vacă, trei porci, doi cai, niște găini și un câine.
   Jihu: Aveți și flori și copaci?
   Marina: Sigur că da! Bunica are legume și iarbă în grădină, trandafiri, bujori și lalele în fața casei.
   Jihu: Vreau să merg acolo în curând!

   지후: 마리나, 시골에 조부모님(할아버지 할머니) 댁은 어때요?
   마리나: 공기가 깨끗하고 자연을 느낄 수 있어요.
   지후: 마리나의 할머니는 어떤 동물을 기르세요?

연습문제 정답

마리나	시골집에 소 한 마리, 돼지 세 마리, 말 두 마리, 닭 몇 마리, 그리고 개 한 마리가 있어요.
지후	꽃도 있고 나무도 있어요?
마리나	물론이지요! 우리 할머니는 정원에 야채와 풀, 집 앞에 장미, 모란과 튤립이 있어요.
지후	(거기를) 곧 가고 싶어요!

(1) ④ (2) ①, ④

Capitolul 07

1. (1) ouă 계란 (2) lapte 우유 (3) brânză 치즈
   (4) struguri 포도 (5) roșii 토마토 (6) făină 밀가루
   (7) bere 맥주 (8) pâine 빵

2. (1) prima (2) al doilea (3) al treilea
   (4) a patra (5) al cincilea (6) a șasea
   (7) a șaptea (8) al optulea (9) a noua
   (10) a zecea

3. (1) Această (2) Acea
   (3) Acei (4) Aceste

4. [MP3 07-3]

   Acum sunt în magazin. Mai întâi cumpăr apă și pâine. Apoi, cumpăr bere, brânză și ouă. De asemenea, cumpăr și unt. La sfârșit cumpăr fructe și merg acasă.

   저는 지금 가게 안에 있어요. 먼저, 물과 빵을 사요. 그 다음에 맥주, 치즈, 그리고 달걀을 사요. 또한(그리고) 버터도 사요. 마지막으로 과일을 사서 집에 가요.

   (1) 가게
   (2) 물, 빵, 맥주, 치즈, 달걀, 버터, 과일

Capitolul 08

1. (1) unchiul (2) mătușa (3) verișoara
   (4) verișorul (5) sora

2. (1) mea (2) meu (3) ta
   (4) tău (5) tăi

3. (1) Acela (2) Aceia (3) Aceasta
   (4) Acelea (5) Aceștia (6) Acesta
   (7) Aceea (8) Acestea

4. [MP3 08-3]

   Prietenii lui Jihu sunt diferiți. Marina este studentă, George este avocat, Mark este profesor, iar Mircea este taximetrist.

   지후의 친구들은 다양합니다. 마리나는 학생, 제오르제는 변호사, 마르크는 선생님, 그리고 미르체아는 택시기사입니다.

   (1) 변호사 (2) 아니오 (3) 학생

Capitolul 09

1. (1) mâncat (2) ieșit (3) vârât
   (4) zis (5) stricat (6) stat
   (7) trecut (8) lucrat (9) văzut
   (10) dat

2. (1) Tu ai făcut?
   (2) Am lucrat ieri.
   (3) Am văzut asta?
   (4) Ați stat aici.
   (5) A trecut mult timp.
   (6) Am putut să mâncăm.

3. (1) Îmi (2) Le (3) Îi (4) Vă
   (5) Ne (6) Îți

4. (1) a mânca (2) a fi deștept
   (3) a se juca (4) A dormi
   (5) A face

Capitolul 10

1. (1) Trebuie să (2) Hai să
   (3) Trebuie să (4) o să
   (5) O să

2. (1) la stânga (2) spre
   (3) la (4) dintre
   (5) în (6) lângă

3. (1) Îmi place acest caiet.
   (2) Îi este foame.
   (3) Le place acea cameră.
   (4) Îți place această poză?
   (5) Vă este sete.
   (6) Ne este somn.

4. [MP3 10-3]

Jihu	Ce sport îți place?
Marina	Îmi place voleiul.
Jihu	Cât timp ai învățat?
Marina	Aproximativ trei ani.
Jihu	Și eu vreau să învăț. Ce trebuie să pregătesc?
Marina	Trebuie să cumperi haine sport și adidași.
지후	무슨 스포츠 좋아해?
마리나	난 배구를 좋아해.
지후	얼마나 배웠어?
마리나	한 3년 정도.
지후	나도 배우고 싶어. 뭘 준비해야 해?
마리나	운동복과 운동화를 사야 해.

   (1) 배구 (2) 3년

Capitolul 11

1. (1) Mă (2) vă (3) o (4) ne
   (5) -l *앞서 문법에서 배운 nu-l처럼 să îl도 să-l로 표기합니다.
   (6) le

2. ③ (și → dar)

3. (1) vacanța (2) testul
   (3) note (4) am primit
   (5) semestru

4. [MP3 11-3]

   Bunica mea a absolvit facultatea la vârsta de 80 de ani. Ea s-a căsătorit devreme și nu a putut să studieze mai departe. A început facultatea la vârsta de 75 de ani și a absolvit în cinci ani. În cinci ani, bunica nu a lipsit de la cursuri niciodată. Eu o respect sincer.

   제 할머니는 80세에 대학을 졸업하셨어요. 그녀는 일찍 결혼했고 그래서 계속 공부를 하지 못했어요. 그녀는 75살에 대학교에 입학했고, 5년 만에 졸업을 하셨어요. 5년 동안 할머니는 한 번도 수업에 빠진 적이 없어요. 저는 제 할머니를 진심으로 존경해요.

   (1) X(75세) (2) X(5년) (3) X(일찍 결혼하셨다.)

Capitolul 12

1. (1) a cere în căsătorie 프러포즈하다
   (2) a înșela 바람을 피우다
   (3) a se căsători 결혼하다
   (4) a naște un copil 아이를 낳다

2. (1) Te-am recomandat. 내가 너를 추천했다.
   (2) Te întreabă el. 그가 너에게 묻는다.
   (3) M-ai condus ieri. 어제 너는 나를 이끌어주었다.
   (4) Am invitat-o atunci. 그때 나는 그녀를 초대했었다.
   (5) V-am sunat și ați răspuns.
   나는 당신에게 전화했었고 당신은 받았었습니다.

연습문제 정답

3. (1) mine (2) tine (3) el (4) ea (5) ei

4. [MP3 **12-3**]

> Bună ziua. Numele meu este George Păunescu. Am treizeci și nouă de ani. Sunt din Constanța, România. Soția mea este Andreea Păunescu, și are treizeci și cinci de ani. Ea mă întreabă mult despre limba coreeană. Pentru mine, limba coreeană este o pasiune. Ne place această limbă.
>
> 안녕하세요? 제 이름은 제오르제 퍼우네스꾸예요. 서른 아홉 살이에요. 콘스탄자에서 왔어요. 제 와이프는 안드레야 퍼우네스꾸이고 서른 다섯 살이에요. 그녀는 제게 한국어에 대해 많이 물어봐요. 저에게 한국어 (공부)는 하나의 취미예요. 우리는 이 언어를 좋아해요.

(1) 4살(각각 39살, 35살) (2) 한국어 공부

Capitolul 13

1. (1) Ție (2) Mie (3) vouă
   (4) ei (5) ție

2. (1) Cred (2) crezut (3) Crezi
   (4) ai crezut (5) Credeți că

3. (1) Nu cred așa.
   (2) Păi, am crezut așa.
   (3) Îmi place asta, dar ție nu-ți place.
   (4) Nouă ne e somn foarte mult.

4. (1) (Eu) Tușesc. (나는) 기침을 해요.
   (2) Am pojar. (나는) 홍역을 앓고 있어요.
   (3) Am frisoane. (나는) 몸을 떨어요(오한이 있어요).
   (4) Mă doare gâtul. (나는) 목이 아파요.
   (5) Mă doare spatele. (나는) 허리가 아파요.

Capitolul 14

1. (1) Îl (2) Se (3) îți (4) vă

2. (1) ne (2) o (3) Ne (4) Se (5) Ne

3. (1) Hai să ne odihnim(relaxăm) aici.
   (2) Puteți să vă amintiți acum?
   (3) Nu, vă rog să-mi amintiți din nou.
   (4) 그렇게 들어서 정말 기쁘다!
   (5) 그에 대해 더 이상 궁금하지 않아.

4. [MP3 **14-3**]

> De Paște, românii merg la biserică și se roagă mult. Timp de 6 săptămâni, ei nu mănâncă ouă, lapte și carne, nu gândesc rău despre alte persoane și încearcă să fie* oameni buni. De asemenea, ei colorează ouăle de culoare roșie, pregătesc carne de miel și sărbătoresc învierea lui Iisus.
>
> 부활절에, 루마니아 사람들은 교회에 가서 기도를 많이 합니다. 일주일 동안 그들은 달걀, 우유 또는 고기를 먹지 않고, 다른 사람에 대해 나쁜 생각을 하지 않으며 좋은 사람들이 되고자 노력합니다. 또한 그들은 달걀을 빨간색으로 칠하고, 어린양 고기를 준비하며 예수님의 죽음과 부활을 기념합니다.
>
> *fie는 a fi 동사가 să 뒤에 위치할 때의 변화 형태 중 하나입니다. (încerc să fiu, încerci să fii, încearcă să fie, încercăm să fim, încercați să fiți, încearcă să fie)

Capitolul 15

1. (1) apartament 아파트
   (2) bucătărie 부엌
   (3) pat 침대
   (4) perdea 커튼
   (5) săpun 비누
   (6) prosop 수건
   (7) hârtie igienică 휴지
   (8) șampon 샴푸

2. (1) Ce   (2) Ce   (3) lui
   (4) Ce luminoși!   (5) Ce amabilă!

3. ① (Mama ta), ④ (lui Mihai)

4. ③ (mănâncă → mânca)
   * 반말 부정형 명령은 동사의 '원형' 사용

5. (1) Mănâncă
   (2) Veniți, așteptați-ne
   (3) Stai, Nu veni
   (4) Zi
   (5) Nu, bea